Meu querido Christopher

Christopher Hogwood chega em casa — na frente do celeiro, ainda bebê.
Foto: autora

Mesmo depois de ter começado a encorpar, no começo Christopher continuou do tamanho de um gato.
Foto: Howard Mansfield

Chris, como adulto jovem, usando uma grande coleira de cachorro. Depois, nosso amigo sapateiro teria que costurar partes de várias coleiras para fazer uma cinta para Chris.
Foto: autora

Muito cedo, Christopher começou a examinar as possibilidades de fuga do seu cercado.
Foto: Howard Mansfield

Perto do Platô do Porquinho... Chris, Tess (com o frisbee), e Sy (com o balde de restos de comida). Aqui, Chris está com cerca de um ano e meio.
Foto: Howard Mansfield

Chris, como adulto jovem, no Platô do Porquinho, apreciando um carinho na barriga.
Foto: Ian Redmund

Christopher começa sua carreira de modelo — esta foto se tornou o primeiro cartão de Natal.
Foto: Bruce Curtis

Este cartão de Natal mostra os dentes de Chris — antes de terem sido raspados.
Foto: autora

Sy Montgomery

Meu querido Christopher

*a extraordinária história de
um porco de estimação*

Tradução: Elvira Serapicos

Ediouro

Título original
The Good Good Pig

Copyright © 2007 Sy Montgomery
Esta tradução foi publicada de acordo com Ballantine Books,
um selo da Random House Publishing Group, uma divisão da Random House, Inc.

Direitos cedidos para esta edição à EDIOURO PUBLICAÇÕES S.A..
Publicado por PRESTÍGIO EDITORIAL

Design de capa: Allison Saltzman

Fotografia de capa: © Age Fotostock/Superstock

Adaptação de capa: Osmane Garcia Filho

Copidesque: Maryanne Benford Linz

Revisão: Jacqueline Gutierrez e Damião Soares do Nascimento

Produção editorial: Cristiane Marinho

CIP-BRASIL. CATALOGAÇÃO-NA-FONTE
SINDICATO NACIONAL DOS EDITORES DE LIVROS, RJ

M791m

Montgomery, Sy
    Meu querido Christopher : a extraordinária história de um porco de estimação / Sy Montgomery ; [tradução Elvira Serapicos]. – Rio de Janeiro : Prestígio, 2007.

    Tradução de: The Good Good Pig
    ISBN 978-85-7748-024-1

    1. Suíno como animal de estimação. 2. Relações homem-animal. I. Título.

07-1438.   CDD: 636.40887
                                                            CDU: 636.4.045

07 08 09 10 11   8 7 6 5 4 3 2 1

Prestígio
editorial

A Prestígio Editorial é um selo da Ediouro Publicações.

Rua Nova Jerusalém, 345 – CEP 21042-230
Rio de Janeiro – RJ
Tel.: (21) 3882-8200 – Fax.: (21) 3882-8212 / 8313
e-mail: editorialsp@ediouro.com.br
vendas@ediouro.com.br
internet: www.ediouro.com.br/prestigio

Prezado Leitor,

Os editores estão sempre dizendo que seus livros são únicos, mas aqui está um caso de obra incomum. Estas memórias adoráveis da naturalista Sy Montgomery a respeito de seu porco de estimação, Christopher Hogwood, compõem um daqueles livros realmente especiais que começam com um burburinho caseiro persistente para depois atingirem os representantes, vendedores de livros e amigos, que começam a emprestar cópias dos manuscritos antes mesmo de as provas estarem prontas – até que esse fenômeno do boca-a-boca alcança, como acreditamos com firmeza, a categoria dos best-sellers.

Meu querido Christopher é tão enganosamente despretensioso que você nem perceberá como ele vai de modo sorrateiro tomando conta de você e acaba conquistando seu coração. Trata-se da história verdadeira de um porco anão doente, com um caso sério de vermes, adotado por uma família rural, e como essa família e por fim a cidade inteira foram transformadas, como num passe de magia, por esse porco que vive tão à vontade entre eles. Christopher é realmente um porco extraordinário, disso não há dúvida, e o fato de se tornar um animal de estimação tão amado, em vez de uma refeição a caminho, ajuda as pessoas que o cercam a dar valor a suas próprias vidas diariamente – lição que o próprio porquinho conhece muito bem.

Espero que você goste destas lembranças muito especiais, realmente *únicas*, sobre um porco que mudou um pequeno canto do mundo para melhor.

Tudo de bom,

Susanna Porter

Para Kate, Jane e Lilla Cabot

Sumário

Capítulo 1 — 13
NANISMO

Capítulo 2 — 24
COMPRANDO A FAZENDA

Capítulo 3 — 39
FUGINDO

Capítulo 4 — 55
DÊ-ME ABRIGO

Capítulo 5 — 67
UMA FAMÍLIA UNIDA

Capítulo 6 — 80
SALÃO DE BELEZA DO PORCO

Capítulo 7 — 97
NATUREZA VERMELHA NAS UNHAS E DENTES

Capítulo 8 — 113
CELEBRIDADE

Capítulo 9   124

DESCOBRINDO O ÉDEN

Capítulo 10   140

UM FERIADO DE PORCO

Capítulo 11   157

NA SAÚDE E NA DOENÇA

Capítulo 12   170

VOLTANDO À VIDA

Capítulo 13   181

OS DIAS ANTES DOS LILASES

Capítulo 14   189

PARAÍSO DOS PORCOS

AGRADECIMENTOS   203

Capítulo 1

Nanismo

CHRISTOPHER HOGWOOD VEIO PARA CASA NO MEU COLO DENTRO de uma caixa de sapatos.

Em um fim de tarde chuvoso de abril, tão frio que até os sapos estavam em silêncio, tão cinza que mal conseguíamos enxergar o celeiro, meu marido atravessou estradas lamacentas encharcadas pela neve derretida com nosso velho Subaru. Tínhamos as botas cobertas por estrume de porco e nossas roupas exalavam um cheiro forte de animal doente.

A época não parecia auspiciosa para a importante decisão de adotar um porco.

Na verdade, todo o período da primavera tinha sido terrível. Meu pai, general do exército, um herói que eu adorava tanto que chegara a confessar numa missa de domingo que o amava mais do que a Jesus, estava morrendo de forma medonha, dolorosamente, de câncer no pulmão. Ele havia sobrevivido à Marcha da Morte de Bataan. Havia sobrevivido a três anos de prisão em campos japoneses. Nos últimos meses de vida do meu pai, minha mãe, esguia e glamourosa – tão apaixonada por ele quanto no dia em que se conheceram quarenta anos antes –, resistiu a aceitar a ajuda de uma cadeira de rodas, de um elevador para subir as escadas ou até mesmo de uma enfermeira.

Filha única, eu estava sempre pegando um avião para ir e vir de New Hampshire para a Virgínia e ficar com meus pais sempre que podia. Eu voltava para New Hampshire dessas viagens cansativas e tentava acabar meu primeiro livro. Era um tributo às minhas heroínas: as primatologistas Jane Goodall, Dian Fossey e Biruté Galdikas. A pesquisa havia sido um verdadeiro desafio: fui perseguida por um gorila enfezado no Zaire, estive com Jane Goodall na Tanzânia, fui despida por um orangotango em Bornéu, fui abordada por um guarda armado que me pediu dinheiro no alto de um vulcão em Ruanda. Agora meu prazo estava se esgotando, e as palavras não me vinham.

Meu marido, que escreve sobre preservação e história americana, estava superabsorvido com seu segundo livro. *In the Memory House* fala do tempo e das mudanças na Nova Inglaterra, situando-se basicamente em nosso canto do mundo. Mas parecia que não continuaria a ser nosso por muito tempo. Durante os últimos três anos, desde o nosso casamento, tínhamos vivido primeiro como locatários e depois como caseiros, em um casarão de madeira branca de 110 anos, numa propriedade idílica de oito acres no sul de New Hampshire, perto das montanhas que Thoreau havia escalado. A nossa casa era a mais nova da pequena vizinhança. Embora nossos vizinhos fossem proprietários de "antiguidades" de duzentos anos elogiadas pelos corretores, aquele lugar tinha tudo o que eu sempre quisera: um pasto cercado, um riacho arborizado, um celeiro de três andares e lilases de quarenta anos de idade emoldurando a porta da frente. Mas estava prestes a ser vendido debaixo do nosso nariz. Os proprietários, um casal de amigos da nossa idade cujos pais tinham financiado a casa, haviam se mudado para Paris e não pretendiam voltar. Estávamos desesperados para comprar o lugar. Mas como éramos escritores *freelance*, nossa renda era considerada muito irregular para poder bancar a hipoteca.

Parecia que eu estava prestes a perder meu pai, meu livro e meu lar.

Mas para Christopher Hogwood, a primavera tinha sido ainda mais terrível.

ELE HAVIA NASCIDO EM MEADOS DE FEVEREIRO, NA FAZENDA DE GEORGE E Mary Iselin, que ficava a 35 minutos de carro da nossa casa. Havíamos conhecido George e Mary por intermédio da minha melhor amiga, Gretchen Vogel. Gretchen sabia que tínhamos muita coisa em comum.

– Você vai adorá-los – Gretchen me garantiu. – Eles têm porcos!

Na verdade, George já criava porcos muito antes de conhecer Mary.

– Se você for um fazendeiro ou um hippie – argumentava George –, pode fazer dinheiro criando porcos.

George e Mary eram os típicos fazendeiros hippies: nascidos, como nós, nos anos cinqüenta, viviam de acordo com os ideais do final dos anos sessenta e começo dos setenta – paz, alegria e amor – e, tendo sido abençoados com olhos azuis radiantes, cabelos loiros e ótima aparência, parecia sempre que tinham acabado de levantar, revigorados depois de terem dormido sobre um monte de folhas em algum lugar, talvez sendo servidos por elfos. Levavam a sério sua filosofia de vida: viviam do que plantavam, faziam sua própria maionese com ovos das galinhas que criavam soltas no quintal. Eram idealistas, mas também eram muito capazes, e perceberam que havia muita comida de graça para porcos em todos os lugares: padarias, cantinas de escolas, mercearias e sobras de fábricas. George e Mary recebiam telefonemas para que fossem buscar vinte quilos de batatas fritas ou um caminhão de bolinhos. Para sua tristeza, eles descobriram que seus filhos, criados com refeições caseiras e orgânicas, às vezes iam escondido até o celeiro no meio da madrugada para comer a comida industrializada dos porcos. ("Descobrimos porque de manhã vimos as marcas de chocolate em volta das bocas deles", Mary me contou depois.)

Em sua imensa propriedade de 165 acres, eles cortavam sua própria lenha, preparavam o feno e criavam não apenas porcos, mas também cavalos para trabalho, coelhos, patos, galinhas, cabras, ovelhas e crianças. Mas os porcos, eu acho, eram os favoritos de George. E meus, também.

Costumávamos visitá-los na primavera. Não víamos George e Mary com muita freqüência – nossas vidas e agendas eram bastante diferentes –, mas os porquinhos eram a garantia de que nunca perderíamos o contato. Nossa última visita tinha sido no mês de março, quando estava terminando a temporada do xarope de bordo – *maple syrup* – e George estava fervendo a seiva do bordo. Em New Hampshire, o mês de março representa o fim da estação da lama, e o lugar parecia especialmente bagunçado. O maquinário enferrujado da fazenda estava parado, em estágios variados de quebra e conserto. No final daquela manhã, na cozinha, impregnada pelo vapor da panela que fervia no fogão a lenha, encontramos uma quantidade indescritível de crianças pequenas vestidas com seus pijamas – os três filhos deles mais alguns primos e vizinhos –, amontoadas diante de pratos com panquecas ou se arrastando pelo chão, totalmente lambuzadas. A pia estava cheia de pratos sujos. Enquanto pegava uma caneca da pilha, Mary disse que estavam todos acabando de sair de um resfriado. Ofereceu-nos uma xícara de chá.

Respondemos apressadamente que não – mas gostaríamos de ver os porcos de novo.

O celeiro não era exatamente o que se vê numa pintura. As laterais estavam velhas, os peitoris carcomidos, o interior parecia uma caverna, cheio de pêlos e teias de aranhas. Nós adoramos. Fomos espiar pelas portas enormes, deixando que nossos olhos se adaptassem à penumbra, e encontramos os porquinhos acomodados em suas moradias. Quando vimos uma família, entramos e começamos a brincar com eles.

Em algumas fazendas, essa poderia ser uma atitude perigosa. As porcas chegam a pesar mais de duzentos quilos e podem morder se sentirem que seus porquinhos estão sendo ameaçados. Suas mandíbulas fortes podem esmagar facilmente um caroço de pêssego – ou uma rótula. Seus caninos são afiados como lâminas. E por uma boa razão: na vida selvagem, os porcos precisam ser fortes e corajosos. Quando estava caçando no Brasil, o presidente Theodore Roosevelt chegou a ver um jaguar estraçalhado por porcos selvagens nativos da América do Sul. Mas as porcas de George eram todas uns amores. Quando entrávamos em uma baia, a porca, deitada de lado para facilitar a amamentação, levantava sua cabeça gigante de uns setenta quilos, e com aquele olho inteligente, coberto de cílios, lançava um olhar benevolente em nossa direção, mexia o impressionante focinho para sentir nosso cheiro e emitia um grunhido de boas-vindas. Os porquinhos eram adoráveis miniaturas de seus pais enormes – alguns cor-de-rosa, outros pretos, vermelhos, pintados, e outros com lindas listras, como os filhotes de porcos-do-mato, que parecem filhotes de esquilos gigantes.

No começo, os porquinhos pareciam não saber se deviam tentar nos comer ou correr. Eles se aproximavam em bando, gritando, depois se afastavam correndo, saltando nos cascos como se estivessem de salto alto, em direção à mãe, enorme e indiferente, para sugar suas tetas cheias de leite. E depois voltavam, cheios de coragem para mastigar um sapato ou desamarrar um laço. Depois de terem comprado um porco de George, muitas pessoas faziam questão de voltar para lhe contar que grande porco era aquele. Embora quase todos os filhotes se destinassem ao freezer, as pessoas que os compravam raramente comentavam que gosto tinha o pernil ou as costelas ou a lingüiça. Não, as pessoas sempre falavam que os porcos de George eram particularmente *adoráveis*.

O ano em que Chris nasceu foi um recordista em filhotes. Como estávamos atarefados e frenéticos, não fomos visitar o celeiro em fevereiro ou março. Mas naquele ano, sem que tivéssemos conhecimento disso, George e Mary estavam com vinte porcas – quantidade inusitada – e quase todas elas tiveram ninhadas recordes.

– Normalmente, uma porca não se dispõe a criar mais de dez porquinhos – Mary me explicou depois. – Uma porca costuma ter dez tetas boas. (Na verdade, elas têm 12, mas apenas dez costumam estar em boas condições.) Quando uma porca tem mais de dez porquinhos, alguém vai ficar de fora – e esse alguém é o anãozinho.

O anãozinho não se distingue apenas pelo tamanho pequeno e fragilidade. A menos que seja afastado da ninhada e receba cuidados de um ser humano, normalmente está condenado, pois é uma ameaça para toda a família.

– O anãozinho fica fazendo aquele barulho horrível – Inhã! Inhã! Inhã! É simplesmente horrível – disse Mary. – Ele acaba atraindo predadores. A reação da porca normalmente é morder o anãozinho no meio, para parar o barulho. Mas às vezes ela não tem certeza de quem é. E pode morder um porquinho saudável, ou pisar em um dos outros ao tentar pegar o anãozinho. Não é culpa dela, e não podemos culpá-la. Aquilo pode prejudicar toda a ninhada.

Todos os anos na fazenda, havia um anão ou dois. Normalmente, George pegava o sujeitinho e o alimentava com leite de vaca em uma mamadeira na casa. Com cuidados tão personalizados, o anão normalmente acabava sobrevivendo. Mas a turma de 1999, com mais de duzentos filhotes, tinha pelo menos

18 anões – eram tantos que George e Mary tiveram que criar uma "baia de anões" no celeiro.

Christopher Hogwood era um anão entre anões. Era o menor de todos eles – metade do tamanho dos outros anões. Ele era um porquinho absolutamente adorável, Mary lembrava, com orelhas enormes e manchas pretas e brancas, e outra mancha preta cobrindo um dos olhos como Spuds McKenzie, o cão bull terrier do comercial de cerveja. Mas Mary tinha certeza de que ele não conseguiria sobreviver. Seria um gesto mais humano se o matassem de uma vez, ela imaginava, em vez de deixá-lo sofrer. Mas George repetiu o que estava sempre dizendo: onde há vida, há esperança. E o porquinho agüentou.

Mas não cresceu.

Como os vermes intestinais são algo muito comum entre os porcos, George e Mary medicaram os porquinhos com remédio para matar os parasitas – e talvez ajudar no seu crescimento.

– O remédio não o ajudou em nada – Mary nos contou. – Parecia que ele tinha um pouco de todas as doenças existentes no celeiro: ele estava com vermes, erisipela, rinopneumonia. E mesmo assim ele não morreu. Simplesmente não morreu!

Eles o chamaram de Coisa Manchada. Embora não fosse morrer, era pouco provável que alguém o comprasse. As pessoas costumam comprar porcos em abril para criá-los e depois abatê-los quando estiverem com vinte ou trinta quilos. Christopher não pesava nem sete.

Mary continuou a insistir com George:

– Você precisa matar esse porco.

George pegava o bicho e o levava até o monte de estrume, pensando em despachá-lo rapidamente acertando-o na cabeça com sua pá. Mas George começava a olhar para aquele porquinho – seu olhar profundo, suas grandes orelhas de abano, sua admirável vontade de viver – e simplesmente não conseguia.

– Eu acho que lhe disse para matar o porquinho umas 15 vezes – Mary relembrava.

Por fim, George não tinha sequer coragem de levá-lo para fora.

– *Você* que mate o porquinho – ele disse para sua mulher.

Mary pegou o porco manchado e o levou até o monte de estrume junto com a pá. Mas também não teve coragem.

Foi então que ela telefonou para o meu marido, Howard. Eu estava na Virgínia.

– Eu nem acredito que vou lhe fazer uma proposta que pode estragar sua vida – Mary começou. – Você ficaria com o porquinho doente?

Howard estava sempre se opondo ao empenho com que eu me dedicava a encher a casa com os mais variados animais abandonados. Ele não me deixava entrar no abrigo local. Nós já tínhamos adotado uma cacatua enjeitada e um papagaio rosela-elegante que estava prestes a se tornar um sem-teto. Quando nossos senhorios se mudaram para Paris, adotamos sua adorável gata branca e cinza, Mika, que nos seguia em nossas caminhadas como se fosse um cachorro, e que atendia quando a chamávamos. Nós também chegamos a ter dois agapornis, mas agora tínhamos apenas um. Sempre que acontecia alguma coisa errada com nossos animais, eu estava fora. Em uma manhã daquele ano, em uma das vezes em que eu estava na Virgínia tomando conta de meu pai, Howard viu o agapornis macho, Gladstone, no fundo da gaiola, o que já é um mau sinal, mas quando chegou perto, Howard percebeu que estava sem a cabeça. A fêmea, Peapack, estava em seu poleiro, imperturbável. Nós a rebatizamos de Tonton Macoute.*

As minhas viagens freqüentes – às vezes eu ficava fora durante meses, enfiada em alguma floresta, fazendo pesquisas para minhas matérias para jornais e revistas e para os livros – eram um dos motivos por que Howard não queria mais animais. Certa vez, fui para a Austrália e morei em uma barraca ao ar livre durante meio ano para estudar os emus. Antes da minha ida, tínhamos cinco furões de estimação. Quando voltei, eles eram 18 – e os bebês ficavam mordendo até que eu os acalmasse deixando que caminhassem pela minha pele, debaixo da minha blusa. Era compreensível que Howard não quisesse ficar tomando conta de uma arca cheia de criaturas que certamente estavam esperando que eu me ausentasse para saírem cor-

---

* Milícia haitiana violenta liderada por Jean François Duvalier, o Papa Doc (1957 a 1970), e mais tarde por seu filho Jean Claude Duvalier, Baby Doc (1971 a 1986), que empregavam a violência para combater os inimigos políticos. (Nota da tradutora).

rendo feito loucos, procriarem descontroladamente ou se decapitarem uns aos outros.

– Normalmente, eu nem lhe daria o recado – Howard contou a Mary. – Mas o pai dela está morrendo, e talvez seja uma boa idéia ter um porco em casa.

HOWARD SABIA QUE, SE HAVIA ALGUMA COISA CAPAZ DE TRANQÜILIZAR meu espírito, seria um animal. Eu sempre me sinto melhor na companhia de animais; sinto uma atração tão forte por eles que algumas pessoas ficam assustadas. Certa vez, pulei de um caminhão em movimento na Índia para poder acariciar uma jibóia de quase três metros de comprimento. (Ao mesmo tempo em que as pessoas que estavam comigo no caminhão olhavam horrorizadas, eu acariciava a cauda da cobra enquanto ela voltava a cabeça para me olhar com bondade.)

Muitos dos meus amigos já sugeriram, e nem sempre em tom de brincadeira, que eu talvez fosse metade animal. Em minhas viagens ao redor do mundo, fiquei com a impressão de que outras pessoas também pensavam assim: xamãs e videntes já me disseram inúmeras vezes que sou uma alma muito velha – mas que esta é minha primeira encarnação como ser humano.

Eu sinto que isso é verdade. Eu sempre soube que sou diferente. Algumas vezes, isso fez com que me sentisse envergonhada e estranha entre as outras pessoas, como se elas estivessem olhando para mim e achando graça. (Provavelmente, por causa da cacatua que vinha pousar na minha cabeça.) Mas eu também sou diferente por dentro. Enquanto outras pessoas estão pensando a respeito de uma nova cozinha, ou de uma viagem pelo Caribe, ou se o filho vai ganhar a partida de futebol, ou o que vestir para ir a uma festa, eu fico pensando qual é a sensação causada pela cauda de um gambá ao agarrar um galho. Ou se a tartaruga que tentou pôr seus ovos em nosso jardim no ano passado vai voltar neste outono.

Como uma criatura não-totalmente-humana vivendo entre pessoas que se sentem muito mais confortáveis com a própria pele, sempre senti uma certa distância entre mim e as pessoas mais "normais". Entretanto, apesar de nem eu nem Howard percebermos isso na época, dentro da caixa de sapatos que estava sobre o meu colo naquele dia cinzento de primavera, estávamos carregando uma criatura que iria diminuir essa distância de uma forma que eu jamais havia imaginado que fosse possível. Porque Christopher Hogwood iria se mostrar, em muitos aspectos, mais humano do que eu.

O QUE IRÍAMOS FAZER COM UM PORCO? AS PESSOAS QUERIAM SABER. Com certeza, para a geladeira ele não iria, nós nos apressamos em garantir a todos. Eu sou vegetariana e Howard é judeu.

É claro que nós adorávamos porcos – mas quem não gosta? Afinal, o que pode ser mais alegre e alto-astral do que um porco? Tudo o que diz respeito aos porcos faz as pessoas sentirem vontade de rir alto, todo mundo acha graça: o modo de andar gracioso apesar do corpo redondo, como se estivesse de salto alto, a maneira como o rabinho enrola, seu nariz impagável, mas extremamente útil, seu gigantesco prazer em comer. Mas sabíamos muito pouco a respeito deles.

Quando eu tinha seis anos, durante uma visita à minha avó materna no Arkansas, passei uma tarde deliciosa no chiqueiro de porcos do pai de um menino. Os porcos eram enormes e rosados e emitiam uns sons fantásticos, muito expressivos. Fiquei fascinada. Aparentemente, eu os coloquei na classe dos cavalos (o que não é um palpite ruim, pois os dois são mamíferos com cascos – embora novas evidências de DNA apontem que os cavalos têm, na escala da evolução, uma ligação mais próxima com os cachorros do que com os porcos) porque subi quase que imediatamente em cima de um como se ele fosse um pônei. A porca generosamente permitiu que eu desse uma volta em cima dela. Isso foi muito comentado na pequena cidade algodoeira de Lexa, em que a minha glamourosa mãe havia sido criada – onde nunca acontecia alguma coisa muito mais emocionante do que aquela. Tempos depois, o menino batizou um porco em minha homenagem. Guardo com tanto carinho essa honra que, apesar de nunca mais ter visto o garoto, até hoje eu me lembro do nome dele – como ele certamente deve lembrar do meu, mais de quatro décadas depois, pois repetiu o meu nome diariamente enquanto o porco permaneceu vivo.

Desde então, minha experiência com porcos ficou limitada às visitas que fazíamos a George e Mary, aos chiqueiros que víamos nas feiras agrícolas locais, e a um único encontro com o enorme porco marrom do nosso vizinho, chamado Ben. Mas, pouco depois de termos nos conhecido, Ben foi parar no freezer do vizinho.

O meu marido parecia estar disposto a acolher esse novo membro da nossa família. Howard já tinha escolhido um novo nome para a Coisa Manchada. Ele seria batizado em homenagem a um expoente da música antiga: o Christopher Hogwood original era um maestro e musicólogo, fundador da Academy of Ancient Music. Costumávamos ouvir as obras que ele regia, na National Public Radio, enquanto escrevíamos. De forma que Christopher Hogwood era um nome adequado por vários motivos. A afinidade dos porcos com a música clássica é bastante conhecida; muitos dos antigos criadores de porcos tocavam perto dos chiqueiros para manter os porcos calmos. Como Howard gosta de dizer, o que há de mais antigo na música senão um grunhido de porco?

MAS CHRISTOPHER HOGWOOD NÃO GRUNHIU NAQUELA PRIMEIRA NOITE. Sua respiração estava úmida e barulhenta. Seus olhos estavam pingando, assim como seu traseiro. Não tínhamos medicamentos para porcos. Não tínhamos sequer um chiqueiro adequado. Não sabíamos quanto tempo ele viveria. Também não sabíamos de que tamanho ele iria ficar. Não tínhamos a menor idéia do que iria acontecer.

Quanto tempo vive um porco? Essa era uma pergunta que todo mundo nos fazia, e a nossa resposta sempre deixava as pessoas chocadas: seis meses. A maioria dos porcos é criada para o abatedouro, e isso costuma acontecer com uma idade bastante tenra, quando eles alcançam cem quilos. Alguns porcos felizardos, machos e fêmeas reprodutores, podem continuar a viver durante anos, mas, também eles, costumam ser despachados quando acaba sua produtividade. Nem mesmo os reprodutores vivem mais do que seis ou sete anos porque ficam tão pesados que podem machucar as porcas jovens, que produzem as maiores ninhadas.

São relativamente poucas as pessoas que têm porcos como animais de estimação. Aqueles que o fazem normalmente têm porcos vietnamitas potbelly. O Vietnã, com uma população suína de aproximadamente 11,6 milhões (é o detentor do troféu de maior criador de porcos do sudeste da Ásia), consegue amontoar tantos porcos numa área tão pequena criando animais extraordinariamente pequenos – mas o termo *pequeno* costuma ser relativo no que diz respeito aos suínos. Os porcos vietnamitas potbelly, se conseguirem viver até a maturidade, por volta dos cinco anos, costumam pesar cerca de setenta quilos. A partir da linhagem desses porcos, os cientistas conseguiram desenvolver porcos ainda menores para fins de pesquisa – "microporcos", que podem pesar algo como vinte quilos, com apenas quarenta centímetros de altura, e dão ótimos bichinhos de estimação. Mas muitos porcos adquiridos como pequenos são fruto do cruzamento de vários parentescos e, para horror de seus donos, não demoram a passar suas dimensões diminutas, precisando do socorro de grupos como o Pigs Without Partners (de Los Angeles) ou o L´il Orphan Hammies (de Solvang, Califórnia). Mesmo os que permanecem pequenos podem representar grandes problemas. Uma mulher que conhecemos teve que dar seu potbelly vietnamita porque ele começava a morder sempre que achava que ela ou seu marido estavam ocupando espaço demais em sua cama comunitária.

Christopher Hogwood não era um potbelly vietnamita, mas havia grandes possibilidades, Mary nos prometeu, que ele ficaria pequeno. Naquela primeira noite, não conseguíamos imaginá-lo muito maior do que a caixa de sapatos em que havíamos carregado seu corpo trêmulo, emaciado. Não conseguíamos imaginar como seria mais adiante – e eu nem queria. Naquela primavera, parecia que eu levantava todos os dias para sofrer, pois a cada dia estávamos ainda mais próximos da morte de meu pai.

Eu mal conseguia me permitir a ter a esperança de que Christopher conseguisse sobreviver a mais uma noite.

Capítulo 2

Comprando a fazenda

Durante muito tempo, o mesmo sentimento todas as manhãs. Do sono, a consciência surgia tão lentamente quanto uma doença. Durante alguns minutos, eu ficava imaginando vagamente o que poderia estar errado. Então, eu percebia – o câncer de meu pai, a data para a entrega do livro cada vez mais próxima, a casa que estávamos prestes a perder – e ficava deitada imóvel na cama, como se estivesse presa por seu peso. "E *agora?*", eu pensava. Eu não sentia vontade de levantar.

Até a manhã em que acordei e me lembrei de que havia um porquinho no celeiro.

A princípio, eu tinha imaginado que ele iria dormir conosco, na cama. Howard, provavelmente influenciado pelas condições de "vazamento da traseira" do porquinho doente, vetou a idéia. Chris não poderia ser criado dentro de casa, ele insistiu. Eu já cuidava muito mal da casa em condições normais.

Por isso, naquela primeira noite, Christopher Hogwood foi banido para o chão do celeiro. Nós tínhamos preparado um cantinho aconchegante. Não havia baias no celeiro, mas isso não tinha importância: um dos maiores encantos dos velhos celeiros é sua capacidade de guardar utensílios usados para plantar e cuidar de hortas, assim como sobras de materiais de construção e equipamentos para fazer cerca, riquezas herdadas em um século de outros proprietários e de seus animais. O celeiro de três andares do nosso senhorio, por exemplo, tinha, entre outras coisas, um baú cheio de placas de licenciamento de New Hampshire de eras diferentes, uma velha carroça, uma pedra de moinho de granito, um contêiner para grãos, portas, janelas e telas de vários tamanhos, rolos de cerca de arame, um monte de estacas para cercas de metal, um poster satirizando o filme *E o vento levou* (Margaret Thatcher nos braços de Ronald Reagan), uma reprodução emoldurada de *Mona Lisa* e um vaso sanitário de barco. Com uma coleção de coisas como essa, normalmente se pode encontrar, se não exatamente o que se está procurando, pelo menos algo que sirva.

Gretchen tinha aparecido para nos ajudar a criar um espaço para o porquinho. Ela cultivava vegetais orgânicos, criava gatos siameses e pôneis da raça Connemara em uma fazenda de subsistência na cidade vizinha à nossa, e era grande especialista em inventar coisas: ela tinha conseguido o colchão de espuma para fazer de cama em um depósito de lixo. O alicerce de pedra do celeiro iria servir de muro, e duas portas velhas, colocadas na horizontal e apoiadas por blocos de concreto, formariam outras duas paredes temporariamente. No piso sujo do celeiro tínhamos espalhado dois baldes de serragem de madeira limpas e cheirosas. Fizemos uma cama com alguns maços de feno macio. Ali, naquela primeira noite, enquanto eu me ajoelhava ao lado dele, fazendo carinho e beijando seu mirrado corpo todo manchado, Christopher Hogwood empurrou seu focinho para baixo do feno, enfiou as patas debaixo dele e dormiu quase que imediatamente.

Mesmo assim, passei a noite inteira preocupada com ele. E se ele ficasse mais doente? Será que teríamos condições de gastar dinheiro com um veterinário além das minhas dispendiosas passagens aéreas para a Virgínia? Ou, pior ainda, e seu eu encontrasse seu pequeno corpo sem vida no meio do feno? Eu saí correndo de casa, vestida apenas com a roupa de dormir para dar uma espiada nele. Percebi, então, que já o amava tanto que fiquei apavorada.

OS ANIMAIS SEMPRE FORAM O MEU REFÚGIO, MINHA INSPIRAÇÃO, MINHA alma gêmea espiritual. Assim que aprendi a falar, comecei a dizer para as pessoas que na verdade eu era um cachorro. Depois, durante um ano inteiro, eu insisti em dizer que era um cavalo. Meu pai me atendia chamando-me de "Pony", me levando para incontáveis passeios de pônei, e ficando pacientemente ao meu lado durante horas, observando os animais do zoológico. Quando entrei no espaço do hipopótamo em um zoológico em Frankfurt, na Alemanha, com menos de dois anos de idade, o animal não me mordeu nem passou por cima de mim, em vez disso, ele se comportou como a maioria dos animais que eu encontrava – como se eu fizesse parte do mundo deles. Não era incomum borboletas, libélulas e passarinhos pousarem no meu ombro. Besouros e aranhas tinham licença para andar à vontade sobre a minha pele. Eu preferia a companhia deles à de outras crianças, que, para mim, pareciam muito barulhentas e instáveis.

Quando eu estava com idade suficiente para pensar a respeito desse assunto, percebi que entendia os animais de maneira diferente das outras pessoas, provavelmente porque eu tinha paciência para observá-los e ver como eram realmente interessantes e persuasivos. Talvez os animais se revelassem para mim porque eu não ficava correndo e gritando como as outras crianças. Os outros pais ficavam espantados quando descobriam que eu tinha ficado quietinha, sentada durante o tempo que foi necessário para que artistas pintassem dois retratos meus antes de eu completar três anos – retratos que mostravam um bebê, e depois uma criancinha, com um olhar concentrado, com uma intensidade pouco comum.

Meu pai tinha muito orgulho da minha capacidade de concentração. Minha mãe tinha medo de que eu fosse retardada. Suas preocupações aumentaram quando me mandaram de volta para casa em meu primeiro dia no jardim-de-infância por ter mordido um menino que havia arrancado as perninhas de uma aranha. Já naquela época eu sabia que fazia parte da tribo das aranhas e de seus semelhantes; e que não tinha nada a ver com aquele menino cruel.

Não é que eu detestasse as pessoas; algumas eram interessantes e gentis. Mas até as pessoas mais bacanas não eram tão instigantes ou importantes para mim quanto as outras criaturas. Naquela época, como agora, para mim os seres humanos eram apenas mais uma espécie entre bilhões de outras vidas igualmente ativas e empolgantes. Eu nunca me senti atraída por outras crianças simplesmente porque eram humanas. Os seres humanos me pareciam uma espécie muito briguenta, e eu estava do lado dos oprimidos.

Ainda assim, minha mãe alimentava esperanças de que eu acabasse me tornando uma criança normal. Fazia questão de me comprar bonecas, que eu jogava para o lado. Mas antes, arrancava suas roupas e usava para vestir amorosamente os filhotes de jacaré empalhados que meu pai havia me trazido das viagens. Às vezes, eu saía do meu quarto empurrando um carrinho de boneca, levando alguns répteis, todos vestidinhos, exibindo suas bocas cheias de dentes para horror das esposas de coronéis e generais reunidas para os coquetéis e o jogo de bridge de minha mãe.

Não era esse o tipo de filha que minha pobre mãe tinha em mente. Em sua máquina de costura Singer, ela costurava vestidos cheios de babados que combinavam com meias de menina e com lacinhos e sapatos de couro que ela tinha comprado na loja do exército. Para a promoção de seu marido a general-brigadeiro, cerimônia em que ele também assumiu o comando da base do exército do Brooklyn, ela vestiu sua filha loira de seis anos como se fosse uma daquelas bonecas que eu tinha jogado de lado, com traje completo que incluía chapéu e luvinhas brancas. Eu me lembro de ter desejado poder usar uma farda e botas de combate como os outros soldados.

Afinal, eu não tinha ajudado meu pai a conquistar suas estrelas de general? Todas as noites, antes de sua promoção, tínhamos um ritual: primeiro ele andava comigo sobre os seus ombros pela beirada do tapete oriental verde, fingindo que eu era uma garota do circo e ele um gorila gigante caminhando em cima de uma corda esticada sobre um buraco cheio de cobras. Ele estava me ensinando a ser corajosa, a não ter medo de nada, a ansiar por experiências emocionantes. Nós estávamos treinando, acreditava eu, para as aventuras que um dia viveríamos juntos. Iríamos explorar o mundo – a África, onde estavam os gorilas de verdade, e a Austrália, onde viviam estranhos e encantadores mamíferos com bolsas, como os cangurus e os coalas. Mas, primeiro, eu precisaria crescer, e ele precisava trocar as águias de seus ombros pelas estrelas de brigadeiro. Por isso, todas as noites, antes de ir para a cama, eu pegava a lua e as estrelas do céu e as colocava no bolso do uniforme do meu pai, e lhe dava um beijo de boa-noite.

27

AO ENCONTRAR CHRISTOPHER VIVO NAQUELA MANHÃ, EU ME LEMBREI DO pensamento reconfortante de que as piores coisas nem *sempre* acontecem. Trêmulo, ali em pé, estava muito claro que ele não era um porco saudável. Era muito magro. Seu rabinho não enrolava, e ficava caído como se fosse um cordão umbilical seco. Mas ele estava mais forte. Ele nem parecia solitário. Normalmente, porcos selvagens são criaturas gregárias, vivem em grupos que reúnem cerca de vinte animais. Assim como os elefantes, duas ou mais famílias de porcos, formadas pelas mães e seus filhotes, podem viajar, brincar, comer e descansar juntas, com as manadas permanecendo estáveis até a época de acasalamento (quando os machos que estavam solitários brigam pelas fêmeas, acasalam e, então, vão embora). Nas fazendas, os porcos também desfrutam da companhia de seus camaradas. Nas fazendas, as comunidades de porcos são chamadas rebanhos – palavra que sempre amei porque evoca um grupo de animais andando como se fossem um, formando um grupo unido que se destaca na paisagem. Os porcos se aninham quando dormem, e se os porquinhos estiverem ansiosos, ficam tão agarrados uns nos outros, que os criadores de porcos batizaram o fenômeno de "supercola barulhenta".

Mas, para Christopher, devia ter sido um luxo passar a noite sozinho. Com um lugar amplo, seco e limpo, só para ele, não precisava ficar espremido pelos irmãos mais velhos, barulhentos e espaçosos, que sempre comiam toda a comida. E ele provavelmente também não devia sentir saudade da mãe – afinal, se reclamasse de alguma coisa, corria sempre o perigo de que ela o matasse. Provavelmente, devia ter sido um alívio o fato de ter escapado de sua família suína.

Naquela primeira manhã, Christopher Hogwood parecia ter entendido que as coisas haviam mudado para melhor. Sua nova família podia parecer estranha para ele – vertical, sem pêlos, e com oito mamilos a menos, entre outras inadequações. Isso iria exigir algumas adaptações, mas ele parecia disposto a enfrentar o que viesse. Calmo mas curioso, ele olhou pra mim com seus olhos quase humanos como se dissesse: "Tudo bem. E *agora?*"

Eu estava pensando a mesma coisa. Mas agora a pergunta parecia muito mais auspiciosa.

EU ESTAVA LOUCA PARA FALAR COM MEU PAI A RESPEITO DE CHRISTOPHER. Minha mãe havia conseguido agüentar estoicamente todas as criaturas que eu tivera quando criança – lagartos que escapavam enquanto meu pai estava no trabalho e eu na escola, papagaios que se penduravam nos lustres e sujavam a madeira da mesa de jantar com cocô, tartarugas que nadavam na minha banheira –, mas o meu pai realmente gostava de animais. As novidades a respeito do nosso porquinho talvez conseguissem desviar seus pensamentos da doença.

Mas decidi manter segredo a respeito de Christopher Hogwood. Não havia razão alguma para que eu imaginasse que meu pai não iria gostar do porquinho. Mas, se ele não aprovasse aquela criatura que eu já adorava, meu coração ficaria ferido – como havia acontecido com meu casamento.

Apesar de não ter percebido, eu havia passado todo o tempo de faculdade apaixonada por Howard. Nós tínhamos trabalhado juntos no tablóide da Universidade de Siracusa, o *Daily Orange*. Quando Howard era editor, ele me contratou como sua assistente, e depois trabalhamos lado a lado editando as páginas do editorial dos articulistas convidados durante oito horas por dia, cinco dias por semana, durante dois anos. Eu gostava de tudo nele – sua inteligência brilhante, a desconcertante abundância de idéias, seu texto vigoroso e surpreendente, seu compromisso com um mundo melhor. Eu adorava sua risada sonora, suas sobrancelhas pretas muito espessas e a abundância de cachos desarrumados que lembravam uma ovelha antes de ser tosquiada. Mas nós éramos amigos. Nunca saíamos como namorados.

Três meses depois da formatura, com um contrato para publicar seu primeiro livro, Howard ficou temporariamente sem apartamento. Como eu trabalhava para um jornal de New Jersey e tinha alugado um chalé junto a um bosque, eu o convidei para ficar comigo. Ele disse que só precisaria ficar até o Natal.

Ele não disse qual Natal. Mas nesse meio-tempo, todas as manhãs ele me acordava com meu disco favorito – *Canções da baleia jubarte* – e colocava na minha cama um ou dois furões. Durante o dia, nós dois escrevíamos – ele no chalé e eu no jornal – e nos falávamos por telefone para debater dúvidas sobre os textos. Será que este texto de abertura vai funcionar? Como fazer essa transição? Costumávamos passar 14 horas escrevendo, normalmente durante seis dias na semana. Ficávamos empolgados com as palavras, esperávamos que elas fossem elucidar e preservar o que considerávamos belo e importante no mundo – seus monumentos históricos e naturais, suas criaturas e paisagens naturais, nosso entendimento a respeito do lugar que ocupamos no planeta. Howard me inspirava com sua dedicação e intelecto, e me encantava com sua amabilidade e bom humor; ele acabou se apaixonando por minha alegria e intensidade.

Passados oito anos – depois de eu ter saído do jornal, de ter vivido durante seis meses em uma barraca nos confins da Austrália, de ter voltado a dividir com Howard uma casa alugada na divisa de New Hampshire com Massachusetts e de ter mudado, de novo, para a casa de nossos amigos –, nós ainda estávamos morando juntos. Eu não tinha conversado a respeito disso com meus pais. Na verdade, eu nunca havia falado a respeito de Howard para eles. Minha mãe tinha opiniões sólidas sobre o "tipo certo" e o "tipo errado" de pessoas a serem "cultivadas". Aquele judeu liberal, alto e magro, com o cabelo enrolado e desgrenhado, não era uma dessas pessoas.

Quando anunciamos que pretendíamos nos casar, Howard foi até a Virgínia. Meu pai ficou aflito. Ele sabia o que estava por vir. Minha mãe ficou lívida. Falando comigo ainda mais devagar do que normalmente, com seu sotaque do Arkansas, como se estivesse dizendo o óbvio, ela apontou todas as inadequações de Howard: ele não tinha um emprego "de verdade", sua risada era alta demais, seu cabelo era desgrenhado, seus tênis estavam desamarrados. Depois, numa tentativa para parecer simpática, ela acrescentou: "mas ele não tem *culpa* de ser judeu".

Em compensação, os pais de Howard ficaram sabendo a meu respeito desde o começo. Aliviados com o fato de que iríamos oficializar nosso relacionamento, eles perdoaram a cruz em meu pescoço. Eles me garantiram que meus pais iriam aparecer. Afinal, eles disseram, nós éramos família.

Francamente, a palavra família não significava muita coisa para mim. Quase todos os meus parentes mais próximos tinham morrido antes do meu nascimento – a mãe e o irmão de meu pai, o pai de minha mãe – e os poucos que sobreviveram depois que nasci viviam muito longe para que nos víssemos. Se a família realmente fosse algo coeso, uma unidade comprometida, como poderiam meus pais rejeitar com tanta inflexibilidade o marido escolhido por sua única filha? Para mim, família queria dizer uma mãe e um pai e a prole que a natureza lhes dera – algumas vezes para desgosto mútuo. Eu não queria nada disso.

Depois do nosso casamento, ao qual eles não compareceram, meus pais me mandaram uma carta em que rompiam formalmente comigo. Não consigo me lembrar das palavras – Howard escondeu a carta –, mas eu me lembro do choque que senti ao ver a caligrafia: tinha sido escrita com a mão forte, familiar e adorada do meu pai.

Por que meu pai a teria escrito? Essa pergunta me assombrava. Meu pai tinha muito menos preconceito do que a maioria dos homens de sua época. Ele se dava bem com todo mundo – negros, brancos, cristãos, judeus, ianques, sulistas. Ele nem odiava seu antigo inimigo, os japoneses. Mas quanto à questão do meu marido, eu acabei concluindo, ele havia capitulado à veemência de minha mãe; afinal, ele vivia com ela, não comigo.

Nós não nos falamos durante dois anos. Então, recebi uma carta da irmã de meu pai, que vivia na Califórnia. Os médicos haviam encontrado uma mancha no pulmão dele. Telefonei para o hospital, descobri que se tratava de um câncer, fiz uma reserva no primeiro vôo para o Distrito de Columbia e me dirigi ao seu quarto no hospital militar Walter Reed.

Meus pais ficaram felizes em me ver. Mas durante os meses que passei indo e vindo à Virgínia para ver meu pai, os dois, volta e meia, soltavam farpas a respeito do meu marido.

Eu não iria dar a eles a chance de insultar também o meu porquinho.

TODAS AS OUTRAS PESSOAS FICARAM ENCANTADAS COM CHRISTOPHER.
Nossos amigos vieram visitá-lo, da mesma forma que as pessoas aparecem quando nasce um bebê humano. Mas, ao contrário dos bebês humanos – em sua maioria careca, cor-de-rosa e pequeno, como deve ser um típico bebê humano –, Christopher Hogwood não parecia um típico porquinho. O pastor, Graham Ward, apareceu com sua esposa, Maggie, e admirou as orelhas peludas de Christopher. Eleanor Briggs, fotógrafa e filantropa que havia fundado

um centro de proteção em nossa cidade, chamado Harris, em homenagem a seu gato, ficou impressionada com sua cabeça enorme, quase incômoda.

Mas Elizabeth Thomas, autora muito conhecida, que havia se tornado amiga e conselheira naqueles três anos de amizade, ficou espantada com a fragilidade de Christopher. Liz sabia muito a respeito de animais de todo o mundo. Ela tinha vivido na África entre os bosquímanos da Namíbia, estudado elefantes na África do Sul e lobos na ilha de Baffin. Ela sabia que, normalmente, os porcos bebês, como os porcos africanos bebês, são tão robustos quanto um tanque pequeno. Christopher era fino e comprido, e vacilante, seus quadris tão magros que os cascos traseiros quase batiam um no outro. Liz duvidou que Christopher conseguisse sobreviver – mas, vendo minha alegria com o porquinho, manteve silêncio a respeito de suas preocupações.

Felizmente, eu tinha amigos que achavam divertido passar o tempo em volta de um chiqueiro. Ficávamos ajoelhados sobre as aparas de madeira e deixávamos que ele explorasse nossas mãos com seu nariz úmido e trêmulo. Nós o alimentávamos com pedaços de maçã, cenoura e cereais. Ficávamos maravilhados com a flexibilidade de seus lábios, com os movimentos rápidos de sua língua cor-de-rosa. Mesmo quando ele estava dormindo, mexendo-se de vez em quando com seus sonhos de porquinho, ficávamos olhando para ele como se fosse alguma estrela da televisão, alguém capaz de alegrar e atrair a atenção de todos.

Quando o tempo estava menos frio, nós o levávamos para o gramado e ficávamos assistindo enquanto ele passeava com seus cascos pequenos e perfeitos. No começo, Christopher era bastante silencioso, mas depois de um tempo ele encontrou sua voz e começou a emitir pequenos gemidos tremidos. Cada vez que gemia, podíamos vê-lo comprimir sua barriga emaciada, como se fosse um brinquedo animado bastante estridente. Ele começou a cumprimentar Howard e a mim dessa forma, e em pouco tempo passou a roncar ao ouvir os sons de passos se aproximando do seu chiqueiro. Todas as manhãs, quando eu ia levar seu café-da-manhã, um mingau quente com os restos da nossa mesa, nós tínhamos o seguinte diálogo:

Chris (sonolento): – Uhn, Uhn, Uhn.
Sy: – Bom dia, Garoto Porquinho!

Chris (com expressão interrogativa): – Uhn-uhn-uhn? Uhn-uhn-uhn-uhn?
Sy (mais perto): – Seu delicioso café está chegando!
Chris (cada vez mais animado): – Uhn! Uhn! Uhn! Uhn!

Embora estivesse se alimentando melhor agora, Christopher Hogwood continuava extremamente pequeno. Quando chegou em nossa casa, ele era do tamanho de um gato novinho, pequeno e magro. Depois de um mês conosco, continuava do tamanho de um gato, mas tinha ficado mais troncudo. Como havia dito Mary, ele provavelmente jamais ficaria muito grande. O que era bom, porque se a casa em que estávamos vivendo fosse vendida, talvez não tivéssemos lugar para colocar um porco grande.

TÍNHAMOS CORRETORES IMOBILIÁRIOS NOS MOSTRANDO UMA INFINIDADE de casas à venda, uma pior do que a outra. Havíamos sido muito claros a respeito do que queríamos: uma casa antiga, um celeiro, um terreno pequeno, uma vizinhança tranqüila – de preferência na cidade em que já estávamos vivendo.

A cidadezinha de Hancock reunia tudo o que havia nos levado de New Jersey – extremamente urbanizada e comercial – para New Hampshire. A maior parte dos artigos de Howard analisava as forças que estavam desestruturando as cidades americanas – como estamos "usando a maior riqueza do mundo", como ele diz, "para criar a feiúra". Ansiávamos por encontrar bosques e lagos, campos e fazendas, e sua história.

Um amigo havia nos dito que nos anos oitenta era possível alugar uma casa de fazenda imensa em New Hampshire pagando cem dólares por mês. Descobrimos que isso não era verdade. Em vez disso, nós encontramos, no topo de uma colina na divisa entre New Hampshire e Massachusetts, uma casa pequena por quatrocentos dólares por mês – na verdade, uma edícula junto a uma grande casa vitoriana de 1880, que mais parecia um grande barco a vapor encalhado na praia. A cidade estava, então, passando por uma transição para uma explosão imobiliária. Ainda assim, vivemos tranqüilamente durante três anos, até que aconteceu um desastre: nossos furões foram roubados de sua casa no jardim. Fizemos de tudo para encontrá-los, contratamos inclusive um detetive particular com nosso dinheirinho escasso, sem nenhum resultado. Mas ele nos disse que os cachorros da vizinhança também estavam desaparecendo, provavelmente estavam sendo vendidos para os laboratórios que faziam pesquisas médicas. Foi quando nos mudamos para a casa de dois amigos, alugando metade da casa de fazenda que eles tinham em Hancock.

Nossa sensação de segurança foi imediata. Tendo uma igreja com torre branca, de duzentos anos, duas lojas apenas (uma videolocadora e um mercadinho, o *Hancock Cash Market*), um policial de tempo integral e uma população de mil e quinhentos habitantes, esse era o tipo de lugar em que você só tinha motivos para trancar o carro caso não quisesse encontrar abobrinhas no banco traseiro quando voltasse da igreja.

Era um bom lugar para criar um porco, nós concluímos.

Mas o que teríamos condições de comprar? Aparentemente, nada na cidade. E nas cidades próximas, muito pouco. Havia a Trak-Vu, uma casa escura, de teto baixo que dava para as linhas abandonadas da estrada de ferro, onde Howard não conseguia ficar em pé nos quartos no andar de cima. Um pouco mais longe, havia casinhas simples em terrenos pequenos, construídas apressadamente para as pessoas que vinham passar as férias e esquiar – exatamente o tipo de "progresso" que odiávamos. E nós seguramente não queríamos ter o trabalho de reconstruí-las – tínhamos fugido justamente de expansões desse tipo. Em outra cidade, um corretor nos mostrou uma casa que ficava ao lado de uma pedreira. "O equipamento pesado só funciona das nove às cinco durante a semana", disse o corretor todo animado.

Enquanto isso, outros corretores apareceram na casa em que estávamos morando para fazer uma avaliação antes de colocá-la à venda. Estranhamente, continuavam voltando. Eles a mediram duas, três vezes. Howard achava curioso o fato de eles ficarem discutindo em voz baixa.

Mas eu tinha apenas uma vaga idéia do que estava acontecendo, pois nessa época eu estava indo e voltando com freqüência cada vez maior para a Virgínia, onde meu pai estava travando sua última batalha. Embora ele nunca tivesse me falado a respeito da guerra, quando eu era criança costumava ficar acordada à noite, imaginando se eu conseguiria suportar a tortura. Agora, duas décadas depois, eu sabia a resposta: sim, eu conseguiria. Certa vez, no hospital, os médicos retiraram um tubo da espessura de uma mangueira de jardim do pulmão de meu pai. Dois homens fardados arrancaram-na de seu peito com tanta força que o esforço jogou-os contra a parede e os fluidos do pulmão começaram a jorrar por todo o quarto. Eu segurei a mão de meu pai. Ele nem apertou a minha. Nenhum de nós esboçou qualquer reação. Não dissemos uma palavra. Depois, ele sorriu para mim. Era como se tivesse dito: "Nós vamos agüentar. Nós vamos conseguir fazer isso. Nós somos fortes, você e eu."

Mas, apesar da coragem e do estoicismo, apesar da cirurgia e da quimioterapia e da radiação, o câncer se espalhou para o cérebro de meu pai. Primeiro, ele não conseguiu mais andar, depois não conseguiu mais ficar ereto. (Mas ele ainda conseguia usar o telefone da cabeceira para falar com seu corretor, o que fazia regularmente, negociando ações e deixando minha mãe cada vez mais nervosa.) Minha mãe, postada ao lado da cama cheia de medo, raiva e tristeza, começou a aumentar suas doses de martíni, e nós brigávamos bastante.

No Dia dos Pais, com meu pai deitado em seu leito de morte, eu disse a ele que havia terminado meu livro. Li para ele as últimas linhas da página dedicada aos agradecimentos: "E finalmente, gostaria de agradecer ao meu pai, general-brigadeiro A. J. Montgomery, cujas idéias me levaram a fazer minhas primeiras viagens para a África e para a Austrália, e cujos passos intrépidos eu sigo hesitante."

Ele morreu três dias depois, lutando para respirar, enquanto eu e minha mãe segurávamos suas mãos. Foi enterrado no cemitério nacional de Arlington, com honras militares.

ENQUANTO EU ESTAVA FORA, ACONTECERAM DUAS COISAS IMPORTANTES em casa – e seu significado logo se mostraria bastante profundo. Uma delas foi que Howard deu vermífugo para o porco.

Christopher Hogwood já estava com quatro meses de idade, e apesar de estar muito mais troncudo, continuava menor do que um gato – mas pesava como se fosse de ferro. Howard sabia o que devia fazer. Tendo crescido em Long Island, antes que o surto imobiliário acabasse com as últimas fazendas da vizinhança, ele costumava assistir ao *The Modern Farmer* [O fazendeiro moderno] nos sábados de manhã, enquanto esperava os desenhos. O programa exaltava os benefícios da construção de estábulos modernos e higiênicos. E enfatizava a importância de dar aos porcos regularmente os medicamentos contra vermes e parasitas. Se não fizesse isso, você estaria alimentando os vermes, não os porcos.

Vinte anos depois, aquele programa ainda instigava meu marido a ser um excelente agricultor. Ele se apresentou ao atendente da loja local da cooperativa de produtos agrícolas.

– Está na hora de dar vermífugo para o rebanho de suínos! – Howard anunciou.

– Quantos você tem? – perguntou o vendedor.

– Um – respondeu meu marido, todo confiante.

– Ah! – o vendedor pareceu desapontado mas, mesmo assim, entregou a Howard um pacote de vermífugo para porcos – comprimidos com sabor de melaço que Christopher devorou vorazmente. Em sua tenra infância, o remédio não havia feito muito bem a ele. Mas agora ele estava saudável o bastante para sentir seus benefícios. Assim começou a transformação que mudaria a figura de Chris, e as nossas vidas, para sempre. Ou, como Howard gosta de dizer, "o resto da história é toucinho".

O outro grande acontecimento que mudaria nossas vidas foi revelado: Howard descobriu por que os avaliadores continuavam a ir e vir até a casa. Eles não conseguiam fazer com que as medições da propriedade chegassem a oito acres – terra suficiente para ser subdividida em dois lotes, de acordo com as leis de zoneamento local. Essa era a intenção de nossos senhorios desde o início, e o lucro que eles esperavam ter fazendo um negócio desses tinha sido a razão pela qual seus pais haviam bancado a hipoteca da propriedade com tanta boa vontade. Para eles, não era uma casa; era um investimento.

Mas as medições dos avaliadores continuavam abaixo do necessário. Aconteceu que uma pequena fatia da terra – aproximadamente do tamanho de uma vaga de estacionamento – na verdade pertencia a uma vizinha. Nossos senhorios fizeram de tudo para comprá-la. Eles não conseguiam entender que a vizinha talvez quisesse justamente impedir a construção de outra casa naquela área de pasto aberto – um lugar em que há décadas, tanto ela quanto os outros moradores antigos gostavam de ver cavalos e ovelhas pastando. De fato, os cavalos de um vizinho estavam pastando ali agora, e nós, como caseiros, mantínhamos esse acordo em vez de aparar a grama.

Estávamos maravilhados com o fato de que o campo jamais seria transformado em uma espécie de gramado suburbano. Mas ainda não tínhamos percebido o que essa descoberta significaria para nós: agora o preço da casa e da terra estavam dentro das nossas possibilidades. Como éramos amigos dos proprietários, poderíamos descartar as despesas consideráveis que se costuma ter com um corretor imobiliário. Como era uma casa para duas famílias, poderíamos alugar metade – o que iria gerar a renda média exigida pelo banco para considerar o negócio mais seguro do que os nossos vencimentos irregulares como escritores *freelances*. No final daquele verão, nós compraríamos a casa.

ENTRETANTO, QUANDO VOLTEI DO FUNERAL DE MEU PAI, O VERÃO ESTAVA apenas começando. Enquanto estivera fora, as folhas das samambaias haviam-se aberto, e as violetas, florescido. O canto dos rouxinóis ecoava pela mata, e os joões-de-barro também marcavam presença. Exausta, abalada e sentindo-me vazia, eu estava demorando a entender as frases quando Howard me pegou no aeroporto aquele dia. Mas no caminho para casa nós paramos em uma fazenda para colher morangos. Diante de nós, carreiras e mais carreiras com aquelas frutas suculentas, com seu formato de coração. Podíamos sentir seu calor, como o do sol, em nossos dedos. Tinham o sabor da própria vida. Seu perfume era intoxicante. O ar parecia puro champanhe.

Eu me lembrei de como meu pai havia lutado para respirar como um verdadeiro soldado. Eu me lembrei também de um discurso que ele fizera durante uma cerimônia no memorial dedicado aos prisioneiros de guerra capturados nas Filipinas. Tantos anos depois, tendo deixado para trás a prisão, a fome e a desidratação, ele confessou diante de todos os presentes que às vezes deixava que a garganta ficasse bastante seca – para melhor apreciar um bom copo de água fresca.

Ele havia amado tantas coisas na vida: cozinhar, servir e comer boa comida. Coquetéis, banquetes, paradas. Jogar golfe, nadar e dançar. Viagens e música, filmes e livros. Um por um, o câncer e a quimioterapia foram embotando seus sentidos, tirando de meu pai sua força. Mas havia sempre a perspectiva de um bom copo de água gelada.

Meu pai não tinha medo de morrer. Porém, mesmo naquelas condições limitadas, mesmo recebendo o chamado para Valhalla, o paraíso dos heróis, como que para alcançar a linha de chegada de uma corrida bem-feita, acho que meu pai só queria sentir pela última vez o sabor do doce sopro da vida.

E eu me lembrava disso agora, sentindo que o doce e quente verão de New Hampshire estava esperando por mim: um novo começo, perfumado, abundante e maduro.

Eu mal podia esperar até chegar em casa e dar alguns morangos a Christopher. Ele certamente sentiu o cheiro antes de me ouvir chegando perto do celeiro. E imaginei que seus gemidos significassem boas-vindas para mim, assim como para a comida.

Revê-lo foi uma grande e grata surpresa. Ele parecia maravilhoso. Enquanto pegava delicadamente cada morango com seus lábios dóceis, emitindo grunhidos de prazer, percebi que seu corpo preto e branco estava brilhante, e que seu rabo (embora não fosse enroladinho) agora mexia de um lado para o outro, balançando como o de um cachorro, quando está feliz.

Durante as duas semanas em que eu estivera fora, o vermífugo havia feito milagres. A barriga de Christopher tinha começado a ficar mais cheia. O som de seu grunhido tinha ficado mais grave e impositivo. Quando o soltamos, ele começou a empurrar seu nariz na terra e produziu buracos impressionantes no gramado.

Para nossa alegria, a Coisa Manchada estava ficando mais forte a cada dia.

Capítulo 3

Fugindo

– HÁ UM PORCO PRETO E BRANCO ARRANCANDO NOSSO GRAMADO. Ele é seu?

Esse é o tipo de telefonema que ninguém gostaria de receber logo cedo em uma manhã de domingo. Mas também é do tipo que não pode ser ignorado facilmente.

Um porco solto – mesmo que não muito maior do que um gato – é uma força que merece ser reconhecida. Agora que Christopher não estava mais doente, seu focinho estava livre para exercer seu poder. Era uma força da natureza. Quando Christopher encostava o focinho na terra, imediatamente surgia um enorme buraco. Com apenas um ou dois passos, empurrando com seu focinho, Chris se transformava em um buldôzer em miniatura. O buraco se transformava em uma trincheira, e a trincheira, em um abismo. A grama ia se abrindo diante dele com a facilidade com que se descasca uma banana. E com as hortas dos vizinhos florescendo com alface, pés de feijão e brócolis, além das *abóboras*, legumes favoritos dos porcos, a visão era de uma verdadeira carnificina, terrível demais para que se pudesse contemplá-la.

– Já estou indo – eu prometia, e saía correndo pela rua, descalça, com o cabelo ainda despenteado e minha roupa de dormir, para carregar Christopher em meus braços e levá-lo de volta para seu chiqueiro.

Onde ele ficaria... por algum tempo. Mas não muito.

Como Christopher Hogwood executava suas fugas era um mistério que Howard e eu no começo não conseguíamos entender. Ele não estava forçando nosso portão provisório – ainda não era pesado o bastante para fazer isso. Na verdade, o que estava acontecendo era mais perturbador. Primeiro, ele aprendera a desamarrar o cordão que mantinha o portão fechado. Depois mudamos para uma corda elástica com ganchos nas pontas, e ele aprendeu a soltá-la (suspeitamos que fazia isso com seus lábios, mas nunca vimos). Finalmente, instalamos um trinco de correr, que eu ainda tinha que baixar para encaixar no fecho que entrava numa cravelha de metal. Sabe-se lá como, o porco tinha conseguido descobrir uma maneira de empurrar com o nariz e os lábios entre as ripas de madeira do portão para abrir esse trinco *pelo lado de dentro*.

Verdade seja dita, eu senti muito orgulho dessa proeza. Na verdade, tudo o que ele fazia me emocionava. Nas palavras de Howard, eu tinha ficado "louca pelo porco". Quando não estava com Chris ou procurando por Chris, eu me pegava admirando porcos em geral. Em minha vasta biblioteca pessoal sobre animais, eu desencavava histórias e fotos de porcos selvagens gigantes, porcos peludos de mais de duzentos quilos da África Oriental; javalis africanos, que são um tipo de porco de focinho comprido, com orelhas de elfo; os babirusas, porcos selvagens da Indonésia cuja face fica praticamente encoberta por dentes grossos de marfim. (Quando subi correndo as escadas para mostrar a Howard uma foto de um babirusa, ele o considerou "tão feio quanto um pecado".)

Finalmente resolvi falar com minha mãe a respeito de Christopher. Nos meus telefonemas para a Virgínia, todos os domingos depois da missa, eu procurava amenizar seu sofrimento contando histórias a respeito das escapadas do porco, falando sobre as coisas que ele comia, quem aparecia para visitá-lo. Ele se tornou a estrela das cartas semanais que escrevia para ela. E em suas cartas datilografadas com capricho, ela sempre perguntava por Christopher.

Mas ela jamais fez qualquer pergunta a respeito de Howard. Estava claro que meu marido jamais seria bem-vindo à Virgínia – e que eu não voltaria para lá tão cedo.

AS RAZÕES QUE LEVAVAM CHRISTOPHER A FUGIR ERAM TÃO EXASPERADORAS quanto seus métodos misteriosos. Será que ele não gostava de seu chiqueiro? Havia lascas de madeira e feno onde ele poderia se aninhar e se aquecer, e um chão sujo onde poderia escavar se preferisse se refrescar. Ele sempre teve água fresca em abundância. Sempre teve muito que comer. Todas as manhãs, quando abríamos a porta do celeiro, a luz do sol banhava a parte da frente do chiqueiro, mas sempre havia uma sombra fresca no fundo. À noite, ele ficava fechado com todo o conforto. Como poderia não gostar?

Talvez ele saísse à nossa procura. Os seus grunhidos alegres e o brilho dos seus olhos não deixavam dúvidas de que gostava de nossa companhia. A cada uma ou duas horas, eu saía para vê-lo, para fazer-lhe um carinho ou dar-lhe alguma coisa. Eu o chamava ao chegar, mas não era preciso. Ele ouvia os passos. Na verdade, se caminhássemos perto do seu chiqueiro, e não fossemos até ele, Christopher chamava até aparecermos. Mas nós acreditávamos que ele não sabia exatamente onde morávamos. Howard tinha resolvido que o porco jamais deveria descobrir. Nós nunca permitimos que ele nos visse entrando por uma das três portas, até que um dia ele decidiu invadir a casa através de uma porta de tela à procura de companhia e descobriu as possibilidades recreativas de um ataque à nossa geladeira. Deduzimos que Chris conseguia sentir nosso cheiro, mesmo quando não conseguia nos ver. Ele certamente sabia que estávamos por ali, e talvez isso explicasse seus passeios erráticos.

Ou, então, refletimos, talvez Christopher fugisse pelas mesmas razões que levam alguns rapazes a fugir. Talvez ele estivesse procurando cerveja.

Durante o verão, sempre deixávamos que Christopher ficasse lá fora conosco enquanto Howard saboreava uma gelada ocasionalmente. Generoso, Howard pensou que poderia deixar Christopher experimentar um gole. Imaginou que ele gostaria. Afinal de contas, Howard argumentou, o que é uma cerveja senão um cereal líquido?

Howard estava certo. Christopher gostou da primeira cerveja, uma *Rolling Rock*, que ele tomou direto da garrafinha. Depois experimentou uma *Corona*, ajeitando os lábios no gargalo como se fosse um especialista. Também gostou dessa. Então ele tomou uma *Genese Cream*. Hummmm. Christopher logo descobriu que *adorava* cerveja – a ponto de correr atrás de qualquer pessoa que estivesse bebendo qualquer tipo de cerveja e cercá-la até que lhe entregasse a garrafa.

Howard começou a ir com regularidade até o mercadinho para comprar a marca mais barata que conseguisse encontrar.

– É para o meu porco – meu marido explicava para os empregados, antes que se espalhasse o boato de que ele tivesse algum problema com álcool, ou, pior ainda, que tivesse mau gosto para bebida.

Os rapazes logo ficaram familiarizados com Howard. Cada vez que ele aparecia, o vendedor fazia perguntas a respeito do peso de Christopher. (Nós fazíamos esse acompanhamento utilizando os conhecimentos adquiridos na barraca suína da feira regional de agricultura: para saber qual é o peso de um porco, você precisa medir a circunferência do animal bem atrás das patas dianteiras, chamada de cinturão. Depois você mede o comprimento do corpo, da base das orelhas até a base do rabo. Dobre a medida do cinturão, depois multiplique pelo comprimento e divida o total por quatrocentos para achar o peso em libras.) Cada vez que viam Howard, os funcionários encarregados da cerveja calculavam quanta cerveja eles achavam que o porco conseguiria beber antes de ficar bêbado.

– Ai, meu Deus, ele poderia beber 12 cervejas! – eles concluíram depois que Chris chegou a 113 quilos.

Não demorou muito para que o nosso porco se transformasse em objeto de inveja. Pouco tempo depois, apavorados, iriam descobrir que ele poderia beber metade de um barril de chope.

Mas naquele verão, Christopher ainda não havia chegado lá. Uma coisa, porém, estava clara: graças à maravilhosa alquimia dos vermífugos suínos combinados com a cerveja, em julho já podíamos ver que a previsão de Mary em relação ao fato de que Christopher iria ficar pequeno mostrava-se muito pouco plausível.

Enquanto aumentava o cinturão de Christopher, também cresciam nossas dúvidas em relação a quem mandava na casa. Fomos obrigados a encarar a evidência de que Chris não só estava fadado a nos superar no peso, como também estava se revelando perigosamente, talvez até diabolicamente, brilhante.

A GENIALIDADE DOS PORCOS VEM SENDO ADMIRADA HÁ SÉCULOS. A inteligência excepcional dos porcos foi percebida por ninguém menos que Charles Darwin. "Observei a existência de uma grande sagacidade entre os suínos", ele escreveu, garantindo aos seus leitores que os porcos são pelo menos tão inteligentes quanto os cachorros. (Na verdade, dos séculos XI ao XV, as pessoas pobres costumavam usar os porcos no lugar de cães de caça, pois os últimos só eram permitidos à aristocracia inglesa. No maravilhoso livro de Jeffrey Moussaieff Masson a respeito da vida afetiva dos animais de fazenda – *The Pig Who Sang to the Moon* [O porco que cantou para a lua] –, encontramos uma porca preta chamada Slut, que vivia em New Forest, Hampshire, na Inglaterra, em meados dos anos de 1800, que foi treinada para encontrar, indicar e resgatar perdizes, faisões, narcejas e coelhos, tendo sido apontada como "o melhor cão de caça".)

Alguns porcos são tão espertos que conseguem reunir pessoas num raio de vários quilômetros para testemunhar suas proezas. No final dos anos de 1700, um sapateiro escocês treinou um porco preto, apresentado como o "Porco de Conhecimento", para realizar números impressionantes no palco. O porco, dizia seu agente, sabia soletrar, dizer as horas, resolver problemas de matemática, ler cartões pedagógicos e até a mente das pessoas – e revelava o que descobria apontando para as letras com seu nariz. É provável que ele conseguisse realizar essa proeza da mesma maneira que Hans Esperto, um cavalo que na verdade não conseguia resolver problemas de matemática, como anunciado, mas era capaz de dar as respostas certas porque conseguia entender a linguagem corporal excepcionalmente sutil e até inconsciente de seu querido dono. O porco fazia apresentações na Inglaterra (geralmente ao lado de um coelho que tocava tambor e de uma tartaruga treinada para ir atrás de coisas), e quando morreu, seu obituário transformou o *Daily Universal Register* no jornal mais vendido da época. A notícia da morte informava que o porco havia ganhado mais dinheiro do que qualquer outro artista vivo – humano ou animal – da época. Em 1797, um outro Porco de Conhecimento surgiu nos palcos americanos e assim teve início uma onda de suínos performáticos. Havia porcos viajando pelo país com trupes acrobáticas e circos; eles exibiam seu brilho em bares e em carroças ao ar livre. Segurando um sino com a boca, eles tocavam

Home Sweet Home; batendo com uma vareta no xilofone, acertavam as notas de *Yankee Doodle Dandy* e *God Save the Queen*.

Mas o intelecto porcino brilha com mais intensidade quando aplicado aos projetos dos próprios porcos. Em seu livro *Na língua dos bichos*, a dra. Temple Grandin, intelectual autista que tem empregado seu vasto talento para projetar equipamentos que visam à humanização das atividades nos matadouros, escreve a respeito de porcos em grandes fazendas, que são alimentados individualmente dentro de pequenos comedouros controlados eletronicamente. Os porcos usam coleiras com caracteres eletrônicos que são lidos por um *scanner*, que abre um portão e o fecha em seguida, de forma que nenhum outro porco possa entrar. Uma vez dentro do comedouro, o porco tem que colocar sua cabeça perto da gamela, onde outro *scanner* eletrônico faz a leitura da identificação e libera a comida. Vários porcos entenderam como funciona esse sistema, informa a doutora. Ao encontrarem uma coleira solta no chão, eles a pegam e a levam até o comedouro e usam-na para entrar – da mesma forma que um ser humano usa um passe eletrônico em um pedágio ou na roleta do metrô.

Porém, igualmente impressionante foi o comportamento dos porcos que não entenderam o funcionamento do sistema de *scanner*. Esses porcos, diz a autora, desenvolveram "superstições" em relação à gamela de alimentação. Os porcos agiram como jogadores de beisebol, conhecidos por realizar todo tipo de giro para atrair a boa sorte antes de rebater ou jogar a bola. Alguns porcos "andavam até o comedouro e entravam quando a porta abria, então se aproximavam da gamela e começavam a realizar alguns movimentos intencionais, como bater com a pata no chão repetidamente". Grandin conclui: "é claro que eles receberam comida várias vezes enquanto estavam batendo com a pata no chão, e assim chegaram à conclusão de que era a batida da pata que fazia com que obtivessem comida". A capacidade de fazer correlações de causa e efeito (mesmo que incorretas, como no caso de muitos medicamentos) é considerada uma habilidade intelectual bastante sofisticada – algo que muitos cientistas preferem dizer que os animais não têm.

No caso de Christopher Hogwood, parecia que seu grande talento estava ligado à exploração.

Pelo telefone, na agência do correio e no mercado, ouvíamos histórias a respeito de seus passeios pela cidade. Ele tinha ido visitar a família que morava do outro lado da rua. Também tinha passado a esquina e seguido pela velha ponte da linha do trem para visitar os castores do *Moose Brook*. Ele havia andado até a rodovia estadual para ver os donos do *Cash Market* que moravam depois da curva. Às vezes as pessoas estavam correndo ou andando com seus cachorros, encontravam nosso porco perto da estrada e o traziam de volta para seu chiqueiro – e só descobríamos isso alguns dias depois.

O mais impressionante não era a distância que ele conseguia percorrer – aparentemente, ele nunca ia além de meio quilômetro da nossa casa –, mas a quantidade de gente que encontrava, e a impressão sempre indelével que deixava. Ao contrário de mim, Christopher era uma criatura naturalmente gregária, que fazia amigos com facilidade. Em seus passeios, ele acabou se transformando em nosso embaixador. Eu gostava da popularidade que ele havia adquirido. Mesmo quando criava problemas, as pessoas quase sempre gostavam dele.

Em uma manhã nublada no início do outono, Christopher conseguiu atrasar a nossa representante local na Assembléia de New Hampshire quando ela estava saindo para ir ao palácio do governo em Concord. Eleanor Amidon, mulher alta e vistosa, que tocava órgão em nossa igreja, estava saindo com o carro de sua casa, quando viu um par de orelhas peludas à sua frente. Olhando por cima do capô, ela percebeu que a saída de carro estava bloqueada por um porco malhado de preto e branco.

Ela não se deixou intimidar – seu pai havia tentado criar porcos em North Leominster, Massachusetts, mas resolveu voltar para o gado ao perceber a facilidade com que os porcos conseguiam fugir. Eleanor já era uma senhora de certa idade, estava usando um blazer azul, sapatos de salto e meias de *nylon*, e iria se atrasar para um compromisso. Ela fez o que qualquer profissional razoável e bem vestida faria quando confrontada com um porco problemático: ela deu a ré no carro e chamou seu marido.

Dick Amidon, que havia se aposentado há pouco tempo de seu cargo de chefe da equipe do porta-voz da Casa dos Representantes de New Hampshire, era tão conhecido na cidade quanto sua esposa. Ele era o moderador da reunião anual de nossa cidade, encontro em que todos os eleitores inscritos votavam sobre cada centavo gasto com os negócios da cidade durante o ano, e era também o moderador da congregação da igreja. Dick agora ganhava a vida como consultor, trabalhando em casa – e por isso estava vestido de maneira mais adequada para lidar com um porco. Quando ele surgiu na porta, Chris saiu da entrada de carro e foi em direção ao seu objetivo: o canteiro de alfaces da horta dos Amidon.

Entre todos os canteiros, o de alfaces era o que ficava mais próximo da casa – em local estratégico para que Eleanor e Dick pudessem saborear o produto fresco apenas alguns segundos depois de tê-lo colhido. Christopher Hogwood aparentemente pensava do mesmo jeito. Quando cheguei até a entrada da garagem à sua procura, encontrei Dick com os braços em volta da cabeça do porco, tentando afastá-lo dos pés de alface. Chris estava resmungando bem alto.

– Você sabe que é preciso ter cuidado com os porcos – Dick falou mais tarde. – Eles podem ser bastante violentos. Mas Christopher não. Ele não tem um pingo de maldade.

Muitos cães domésticos, compreensivelmente, são capazes de morder as pessoas que ficam entre eles e a comida. Christopher queria aquela alface. Fiquei bastante impressionada com o fato de que, em tais circunstâncias, Christopher não tivesse sequer tentado morder meu vizinho.

E Dick também ficou.

– Sabe de uma coisa? Fiquei pensando nisso depois, Sy, e compreendi por que nos demos tão bem. – Dick e Eleanor costumavam ser muito ativos no partido republicano, mas depois Dick acabou mudando para os libertadores. – Se há um exemplo de porco libertário, acho que é o Christopher. Ele é autêntico, não aceita muitos controles – todas as coisas que os libertários buscam. Ele é um espírito livre.

Isso ele era. Certa vez, Howard estava olhando pela janela do andar de cima, no quarto extra que usamos como escritório. "Ah, lá vai fulano", ele pensou, olhando alguém que passava praticando corrida. "Ah, lá vai beltrano naquele carro... Ah, lá vai Chris."

Ei! *Chris?*

Nós dois saímos correndo.

LOGO NO INÍCIO DE NOSSA CARREIRA COMO CRIADORES DE SUÍNOS, pensamos em construir uma cerca para o nosso porco. Mas não é fácil segurar um porco com uma cerca – ela precisa ser muito forte para que ele não a derrube ou faça um buraco por baixo dela. Mais uma vez, Gretchen foi quem nos socorreu. Ela tinha exatamente aquilo de que precisávamos. Gretchen apareceu um dia trazendo um pedaço de cerca elétrica aramada, pouco mais de dois metros, uma amostra apenas.

– Isto aqui – ela prometeu – irá resolver todos os seus problemas.

– Em vez da cerca elétrica formada por dois ou três fios de arames usada para cercar cavalos, a cerca elétrica em forma de tela assegura que o porco não a escave ou pule sobre ela – Gretchen disse. – Os porcos aprendem depressa a respeitar os limites após o primeiro choque elétrico que recebem ao tocá-la. Como a cerca é muito fácil de montar, também fica fácil de aumentar o chiqueiro e mudar de lugar sempre que haja necessidade de novo pasto.

– Será que ele vai se machucar? – eu perguntei, em dúvida. – Eu não quero nem tentar se ele puder se machucar.

– Não – ela garantiu, enquanto montava a cerca. – Ele não vai se machucar, de forma alguma. Ele vai tocá-la com o nariz, receber um pequeno choque e vai se afastar imediatamente.

– Tem certeza?

– Nunca vi um animal que não entendesse – Gretchen falou, enquanto armava o carregador. – Não se preocupe. Você vai ver. Dê uma espiada.

Ela ligou o fio da extensão na tomada. Eu abri o portão de Christopher e pulei para o outro lado da cerca de noventa centímetros de altura.

Chris correu em nossa direção, bateu na cerca elétrica com seu nariz sensível e gritou de dor.

Ele não parava de gritar. E também não recuou. Ele começou a empurrar a cerca cada vez mais forte, usando sua grande cabeça pintada como um aríete contra a dor. Seus gritos tinham uma freqüência ondulada, acompanhando o pulso da corrente:... "Ri! Ri! Ri!...Ri! Ri! Ri!

Eu corri para ele.

– Pare! Pare! Pare!... Desligue isso!

Naqueles poucos segundos – que para mim pareceram muitos minutos –

Chris e eu fizemos tanto barulho que não daria para ouvir o som de uma escavadeira. Imagino que os vizinhos devem ter pensado que estávamos sendo atacados por um assassino carniceiro.

Gretchen desligou o fio da extensão. Chris estava bem, apesar de um pouco tonto, mas eu fiquei péssima.

– Ai, ai... – disse Gretchen. – Acho que isso não vai funcionar.

Algumas espécies simplesmente não conseguem recuar – tatus, por exemplo, conseguem dar um *salto* para trás, mas não caminhar. Mas isso não é o que acontece com os porcos. E a reação de Chris também não se devia a uma falha do intelecto. Aquilo, entretanto, foi importante para que eu entendesse o lado emocional daquela pequena criatura estranha de cascos fendidos, parecida com um tanque, que havia feito com que deixássemos de ser um casal e nos transformássemos em uma família.

Agora eu compreendia o que queria dizer cabeça dura, "*pig headed*", em inglês.

Christopher Hogwood era uma criatura com convicções. Quando queria uma coisa, ele ia, bem, até o fim. E o que ele queria – fosse estar conosco, uma cerveja ou simplesmente a liberdade – estava do outro lado daquela cerca.

EU SEI BEM O QUE É A SEDUÇÃO DO OUTRO LADO DA CERCA. CERTA VEZ, passei seis meses em um estado de liberdade quase perfeita, no outro lado do mundo, vivendo em condições que Howard considerava "selvagens".

Depois de ter me formado na faculdade e de ter trabalhado durante cinco anos no *Courier-News*, meu pai me deu de presente uma passagem para a Austrália. Decidi me juntar a um dos projetos do Earthwatch Institute, como profissional leiga trabalhando com cientistas, ajudando na realização de um estudo promovido pela Chicago Zoological Society sobre o hábitat do *wombat*, um marsupial raro que vive no deserto no sul da Austrália. Eu adorei tanto o trabalho que a principal pesquisadora, a bióloga Pamela Parker, me ofereceu uma oportunidade para realizar meus próprios estudos naquela área. Ela não tinha condições de me pagar a passagem ou de me dar qualquer remuneração, mas eu teria alimentação de graça. Eu larguei o emprego no jornal e me mudei para uma barraca no *outback* australiano.

Quando cheguei, eu não sabia o que iria estudar. Mas certo dia, quando estava sozinha recolhendo amostras de plantas para outro pesquisador, ergui os olhos e vi três aves não voadoras parecidas com avestruzes, medindo pouco mais de um metro de altura, aproximando-se de mim com curiosidade, a menos de 15 metros de distância. Emus. Foi amor à primeira vista.

Eles poderiam ter me matado. Com suas pernas longas e fortes, os emus podem correr a uma velocidade de até sessenta quilômetros por hora e derrubar uma cerca de arame com apenas um chute. Porém, inacreditavelmente – apesar de estarem mais próximas dos dinossauros do que dos seres humanos, e apesar de eu não ter o que oferecer a elas –, essas aves gigantes toleravam a minha companhia. Deixavam que eu as seguisse. Eu consegui encontrá-las dia após dia e acabei por conseguir caminhar ao seu lado a uma distância de poucos metros, registrando cada um de seus movimentos. Ninguém tinha feito isso antes.

Cada observação era uma revelação: cada fruta ou semente escolhida, cada posição de seus pescoços escuros parecidos com periscópios, cada vez que uma penteava uma pena com o bico. Procurei ver o *outback* com os olhos avermelhados dos emus, que têm a visão quarenta vezes mais acurada do que a minha. Senti todos os meus sentidos aflorarem. Em pouco tempo criei vínculos tão fortes que nem sentia vontade de deixar os emus para fazer a viagem semanal e tomar um banho na cidade mais próxima.

Eu havia me transformado em uma selvagem, e tenho certeza de que aparentava. Para que as aves me reconhecessem, decidi que iria usar as mesmas roupas todos os dias: a jaqueta do exército de meu pai, a camiseta com que havia dormido, minhas calças jeans e uma bandana vermelha. Não havia espelhos no acampamento, e esqueci de pentear o cabelo durante tanto tempo que fiquei com o cabelo emplastrado, parecido com o pêlo dos cachorros abandonados na rua. Mas enquanto vagava pelo deserto atrás dos emus com meu nariz escorrendo, minhas roupas imundas e meu cabelo emplastrado, eu me senti inteira, até bonita, pela primeira vez em minha vida.

Não é que não me sentisse solitária de vez em quando. Estava bastante consciente de que Howard, os furões e os agapornis, meus pais e meus amigos estavam do outro lado do mundo. O meu dia era a noite deles, e meu inverno, seu verão. Nós até dormíamos sob estrelas diferentes. Mas, longe de tudo o que eu conhecia, eu me sentia limpa e aberta. Estava ávida para preencher o vazio da minha alma com as emoções deste novo lugar: o árido solo alaranjado, suas acácias espinhosas, e as vidas das criaturas estranhas pelas quais eu havia me apaixonado profunda e verdadeiramente.

Chorei durante muitos dias, quando deixei os emus. Essa era a história da minha vida: eu estava sempre indo embora. Ao contrário de Howard, que tinha vivido na mesma casa em Long Island desde o dia em que seus pais o haviam levado do Huntington Hospital para casa, eu não sabia o que era pertencer apenas a um lugar. Eu nem mesmo nasci nos Estados Unidos, mas na Alemanha, quando meu pai estava servindo em uma base em Frankfurt. A permanência mais longa da minha família em algum lugar foi quando ficamos no forte Hamilton, no alojamento 225, Brooklyn, em Nova York – numa casa do exército – por pouco mais de quatro anos. Mesmo depois que meu pai se aposentou do serviço militar, continuamos a nos mudar: New Jersey, Virgínia, de volta para New Jersey; enquanto ele mudava de emprego na área de comércio naval. Não é de admirar que nenhum dos animais de estimação da minha infância jamais tenham sido maiores do que Molly, uma cadela scottish terrier ao lado da qual eu cresci como se fosse uma irmã. Todos tinham que ser portáteis. Eu nunca tive tempo para criar raízes suficientemente profundas e me ligar a algum animal realmente grande.

Eu adorava viajar, adorava fazer explorações e adorava a vida selvagem. Mas agora, em Hancock, com um porco no celeiro, eu iria encontrar a outra peça de um velho anseio do meu coração: um lar.

HOWARD E EU DESISTIMOS DE COLOCAR UMA CERCA PARA CHRISTOPHER. Em vez disso, colocamos nele uma coleira de cachorro pequeno, que depois trocamos pela de um cachorro médio e, então, pela de um cachorro grande. Nós o prendemos a uma corrente na beira do bosque, atrás do que havia sido um galinheiro e era agora um pequeno estúdio. Chamávamos o lugar de "Platô do Porquinho". Presa a uma oliveira, com quase seis metros de extensão, a corrente permitia o acesso de Christopher tanto à sombra como ao sol, à grama e aos galhos. O lugar tinha até um simpático pedaço de lama, graças a uma nascente. Ali, Christopher poderia fuçar à vontade. O lugar rapidamente ficou parecido com o Vietnã depois do ataque Tet.

Chris parecia ter gostado da corrente. Ele gostava do seu quintal. Também gostava de dar voltas com a corrente em torno da árvore de modo a criar a combinação precisa entre pressão e tensão que acabaria soltando a coleira do metal da corrente e permitiria que ele corresse livremente.

PORCOS SOLTOS ERAM ALGO QUE TODOS OS AMERICANOS CONHECIAM HÁ séculos. Nos primórdios de nossa pequena cidade, "os colonizadores permitiram durante muitos anos que os suínos andassem soltos", diz o livro *History of Hancock, New Hampshire (1764-1889)*. "Que os suínos daquela época gozavam de privilégios incomuns, é o que mostra o seguinte incidente ocorrido na vida de Moses Dennis", escreve o autor, William Willis Hayward. "Em determinado ano, foi obrigação sua dar as instruções para o treinamento anual. No cumprimento dessa tarefa, enquanto estava entrando em uma das casas de madeira, que por não ter janelas era bastante escura, ele de repente foi levantado sem a menor cerimônia e carregado para trás, e, com a mesma falta de cerimônia, foi jogado no chão. Ele ficou tão surpreso que a princípio não conseguiu entender o sentido daquela estranha recepção. Logo descobriu que um porco havia ficado assustado com sua entrada e, desesperado para escapar, correu entre suas pernas (que eram muito curtas), derrubou-o e o deixou na posição citada."

Por volta de 1786, entretanto, as coisas mudaram. Nesse ano, foi instituído um cargo muito importante em nossa cidade: o posto de conselheiro dos porcos. Nessa época, praticamente todos os distritos, de todos os tamanhos, tinham pelo menos um conselheiro dos porcos – uma espécie de xerife cujo dever era capturar e encarcerar porcos que estivessem causando problemas. Dez anos depois, Hancock, com uma população humana de pouco mais de seiscentas pessoas, precisava de nada menos do que seis conselheiros de porcos para manter os porcos locais sob controle.

Infelizmente, quando Christopher Hogwood chegou em Hancock, o conselheiro dos porcos já estava aposentado havia muito tempo. Mas, felizmente, nós tínhamos Ed Coughlan. Ed era nosso chefe de polícia. Durante onze anos, ele foi o único policial em tempo integral de Hancock.

Ed era perfeito para essa função. Ele pertencia ao lugar – havia trabalhado para o departamento de estradas estadual e constituído uma família na cidade. Com seus cabelos castanhos lisos e infantis, olhos azuis expressivos e modos educados, ele não tinha aquele ar brutalhão do tipo "Com licença, sou eu quem manda aqui", típico dos policiais formados em academias. É claro que precisou freqüentar a academia de polícia em Concord durante 12 semanas quando foi promovido a chefe – mas a maior parte do trabalho era "apenas uma questão de bom senso. E isso eu tenho bastante", ele me disse um dia.

Felizmente, em Hancock, um policial não precisa combater crimes violentos. O policiamento da cidade oferece desafios de outro tipo. Por exemplo: muitos dos moradores mais velhos estão perdendo a visão e por causa disso costumam bater em prédios, carros e às vezes atropelam as pessoas quando estão dirigindo.

Ed era como o tio querido que todo mundo chamava para resolver as briguinhas de família. Até mesmo policiais das grandes cidades poderão confirmar que os transtornos domésticos estão entre as situações mais perigosas que um policial pode ter que enfrentar, e Ed precisava lidar com muitos. Mas nenhum problema era grande demais ou muito pequeno, como se podia ver no jornal local, que tem notas policiais. Alguns exemplos típicos: um esquilo em uma garagem na Main Street. (Ele já tinha ido embora quando Ed chegou.) Uma tartaruga na linha amarela da estrada estadual. (Sua remoção às três horas da manhã foi devidamente registrada.) Foram ouvidos gritos de uma criança dentro de uma casa. (Ela não queria comer o jantar.) As coisas são muito parecidas nas cidades vizinhas. Em Peterborough, a página policial noticiou recentemente que alguém ligou para o número de emergência 911 porque um porquinho-da-índia estava preso dentro de um carro no estacionamento do hospital em um dia quente. A janela estava abaixada, mas o porquinho-da-índia estava sem água. (As pessoas acham que fui eu quem telefonou, mas não fui.)

Em nossa cidade, parece que os animais precisam de vigilância constante – desde os cachorros de rua até gatos que sobem em árvores, e já tivemos até um lince fêmea machucado. O policial Steve Baldwin foi quem atendeu ao chamado. No verão, um lince havia sido atropelado por um carro na estrada 123. Ele pegou o animal inconsciente, enrolou-o em um cobertor, colocou-o no banco do carro e correu para o veterinário. "Então, ele acordou de repente", Steve contou, "e aí eu percebi que tinha cometido um erro". Felizmente, o animal não estava com vontade de brigar. Ele estava com uma fratura nos quadris, e Steve conseguiu deixá-lo no veterinário para receber o tratamento adequado. Seis meses depois, ele estava presente quando o animal foi devolvido à natureza, no mesmo lugar em que ele o havia salvado.

Ed levou para casa lhamas, pôneis e touros com tanta freqüência que passou a transportar um balde de cereais na mala do carro. Mas o nosso foi o primeiro porco solto em sua carreira de policial.

Em uma tarde quente de setembro, Ed recebeu uma ligação a respeito de um porco na estrada. A pessoa que estava chamando sabia muito bem de que porco estava falando. Ed encontrou Chris na estrada 137, perto da entrada passa carros do Mike Cass. Ele estacionou o carro e amarrou o pescoço do porco com uma corda, pensando em levá-lo para casa.

Mas Christopher tinha outros planos. "No começo, ele não queria ir", Ed contou. Isso era um problema porque nessa época Christopher pesava mais do que Ed. "Ele não foi agressivo, mas estava bastante determinado", disse Ed.

Quando se tornou evidente que Christopher não aceitaria a custódia facilmente, Ed, seguindo seu bom senso, decidiu esperar. Depois de alguns minutos, Christopher mudou de idéia. Na verdade, sua mudança foi bastante enfática. Chris arrancou num galope súbito, arrastando Ed pela corda como um barco puxando um esquiador aquático.

Impressionado com a visão de um policial à paisana correndo pela estrada atrás de um pequeno porco pintado, um motorista parou o carro e chamou.

– O que você vai fazer com o porco? – ele perguntou a Ed.

– Ele vai fazer o que bem entender – Ed respondeu, ainda correndo. – Eu só estou indo atrás dele.

Felizmente, Christopher era bom de largada, mas não um maratonista. Quando o porco diminuiu o ritmo, Ed pôde ver algumas maçãs verdes debaixo da árvore que ficava no triângulo de terra entre a nossa rua e a estrada 137. Ele pegou algumas e deu para Christopher.

Quando vimos Ed e Christopher vindo pela estrada (nós estávamos procurando ele na direção oposta), eles estavam caminhando lado a lado como velhos amigos.

Depois disso, Ed passou a levar também algumas maçãs no carro.

Capítulo 4

Dê-me abrigo

Antes que terminasse o primeiro verão de Christopher Hogwood conosco, percebemos que nossas vidas decididamente estavam girando em torno do porquinho.

Passávamos muito tempo com Chris. Pela manhã, antes de preparar nosso café-da-manhã, a primeira coisa que eu fazia era alimentá-lo. Era ótimo começar o dia dessa maneira. Ele adorava qualquer coisa que eu lhe desse – ração para porco, restos de bolo ou cascas de banana. Eu adorava vê-lo comer. Durante alguns minutos, eu ficava ouvindo a música produzida por seus lábios mastigando a comida antes de voltar para a cozinha e preparar o nosso café-da-manhã. Depois, se o dia estivesse ensolarado, eu o levava até o Platô do Porquinho. Enquanto Howard e eu escrevíamos, Chris ficava escavando, arranhando, dormindo, rolando – e esperando que aparecêssemos. Ou, talvez, planejando uma fuga.

Nossa interação com Chris ao longo do dia dependia de uma série de fatores, e a maioria deles fugia ao nosso controle, assim como nosso porco. Às vezes parávamos de escrever devido a uma visita do seu círculo de fãs, cada vez maior, e podíamos passar uma hora ou mais procurando ele. Essas interrupções atrapalhavam demais nossa concentração, é claro, mas o sentimento de alívio quando ele voltava para casa – e nossa gratidão por quem quer que o ajudasse a voltar – apagava qualquer irritação.

Porém, mesmo que ele não escapasse, nosso tempo estava cada vez mais ligado às necessidades do nosso porco. Se não estivesse gostando do tempo – ele detestava pegar chuva –, ele nos chamava para colocá-lo novamente em seu chiqueiro. Largávamos o que estivéssemos fazendo, no meio do texto, para ir em seu socorro.

Nós dávamos uma espiada para ver o que ele estava fazendo pelo menos a cada hora. Será que ele estava pegando sol demais? A pele dos porcos pode queimar tão fácil quanto a dos seres humanos. Será que ele tinha enrolado a corrente em volta de uma árvore? Tínhamos que o desembaraçar. Será que estava precisando de água? Será que estava precisando de um carinho? Às vezes, essas checagens levavam a sessões de carinho que podiam durar 15 minutos ou mais, independentemente de Chris precisar ou não. Em pouco tempo nossos passos marcaram um caminho na grama que ia da porta de trás até o celeiro, e do celeiro até o Platô do Porquinho.

É claro que a chegada de um novo membro na família sempre ocasiona uma mudança em nossas vidas. Eles precisam ser alimentados e limpos, e precisam de tempo e amor. Mas como o novo membro de nossa família era um porco, a mudança foi bastante profunda, pois suas necessidades aumentavam com a mesma velocidade de seu peso. Assim como o círculo de amigos e familiares que nos ajudariam.

NO PRIMEIRO OUTONO DE SUA VIDA, O CRESCIMENTO EXPONENCIAL DE Christopher tornara óbvio o fato de que logo ele seria não apenas capaz de fugir, mas também de destruir seu chiqueiro no celeiro. No começo daquele verão, nós o vimos atravessar uma treliça de madeira embaixo da varanda da frente como se fosse o Gasparzinho, o Fantasminha Camarada. (Era aí que nós e nossos inquilinos de 20 e poucos anos, Mary Pat e John Szep, guardávamos nosso lixo antes de o levarmos para o depósito aos domingos, e certo dia Chris tinha sentido o cheiro de algo especialmente atraente: absolutamente mortificados, constatamos que era o odor da embalagem de bacon que nossos inquilinos haviam comido no café.)

Howard sabia o que era preciso fazer, mas a escala do projeto, e minha conhecida falta de habilidade com equipamentos elétricos, faziam com que fosse necessário chamar um especialista.

Assim, contratamos um engenheiro aposentado da indústria aeronáutica americana. O pai de Howard, veterano da Sperry Rand Corporation, veio de Long Island de carro. Ele decidiu que era melhor não contar o motivo de sua viagem para o rabino: ele iria ajudar seu filho a construir um palácio para um porco.

Eu andava preocupada com o que poderiam sentir os pais de Howard em relação a Christopher. Afinal, eles eram judeus praticantes, ortodoxos o bastante para separar os pratos e talheres usados para leite e para carne em sua casa. Eles já eram obrigados a tolerar uma esposa shiksa – mas um porco?

Fiquei aliviada com o fato de eles não terem problema com Chris.

– Só não o comam – disse o meu sogro.

Pelo menos em relação aos porcos eu estava de acordo com o código do Levítico.

Antes da chegada dos pais de Howard para a Operação Palácio do Porquinho, nós fizemos algumas mudanças no celeiro, procurando coisas que pudessem ser úteis. Havia tantas coisas, que corríamos de um lado para outro. Observando a movimentação, Chris ficou gritando o tempo todo, como se tivéssemos nos esquecido dele completamente.

Na verdade, Christopher gritou muito durante os quatro dias seguintes.

Compreensivelmente, Howard e seu pai decidiram construir o novo chiqueiro no lugar do antigo – o que significava que o porquinho precisava ser desalojado temporariamente. Normalmente, ele ficaria feliz em seu Platô. Mas, apesar de não conseguir ver o que estavam fazendo em seu chiqueiro, Chris sabia que alguma coisa estava acontecendo. O olfato dos porcos é tão requintado que os filhotes conseguem sentir não apenas o cheiro de suas mães como também distinguir o cheiro do mamilo em que costumam se alimentar. Experiências revelaram que, depois de cheirar um cartão de plástico, um porco consegue localizar esse mesmo cartão dias depois, mesmo que os cartões tenham sido lavados. A audição dos porcos também é excelente – podendo alcançar uma freqüência mais alta do que os seres humanos, e provavelmente uma freqüência significativamente mais baixa também –, e as enormes orelhas de Chris funcionavam como radares, tentando detectar os sons. Assim, deveria ser óbvio para ele que estavam tentando dissimular alguma coisa: algo interessante estava acontecendo dentro do *seu* chiqueiro – e ele não estava lá para supervisionar.

Para nós, o significado dos gritos de Christopher era muito claro: "Ei. Ei! Esse chiqueiro é *meu*! O que está acontecendo? Ei-i-i-i-i-i!."

TRABALHANDO NOVE HORAS POR DIA, HOWARD E SEU PAI ACABARAM construindo um chiqueiro digno de um rei. Dentro do celeiro, eles montaram paredes com tábuas enormes. Com placas de fibra de vidro cor-de-rosa, que encontramos na parte de cima do celeiro, eles criaram um sistema de isolamento térmico melhor do que o da nossa casa. Modificando um pouco a estrutura original planejada por Gretchen, eles instalaram um portão com dobradiças fortes. E colocaram uma lâmpada.

Minha sogra e eu ficamos escondidas dentro da casa, cozinhando, com medo de que os homens nos pedissem para ajudar segurando alguma coisa pesada enquanto eles batiam com um martelo. Mas nós sabíamos que o projeto estava sendo muito bem inspecionado. Enquanto o porquinho gritava para eles a distância, os homens eram vigiados de perto por 16 olhos cor de laranja, que pertenciam a oito galinhas pretas que chamávamos de Senhoras.

Elas nos haviam sido dadas por Gretchen como presente de boas-vindas. As Senhoras pareciam um pequeno grupo de freiras – se as freiras tivessem cristas vermelhas, olhos cor de laranja e pés amarelos. Com dedicação e precisão, a Senhoras comiam insetos e sementes ao redor do celeiro, roubavam migalhas da comida de Christopher quando ele não estava olhando, e normalmente faziam companhia ao porquinho enquanto Howard e eu estávamos dentro de casa escrevendo. No outono, as galinhas já estavam nos dando oitenta deliciosos ovos vermelhos todas as semanas. Mas do que mais gostávamos era a maneira que tinham de nos cumprimentar.

– Elas *conhecem* vocês? – perguntou o pai de Howard impressionado, quando viu as galinhas pela primeira vez. – Eu não sabia que as galinhas eram tão inteligentes!

Os pais de Howard haviam sido criados no Bronx, onde o contato com as galinhas se limitava ao prato de sopa. Mas logo ampliaram seus conhecimentos. Gretchen tinha criado essas galinhas desde que eram pintinhos, e nós íamos visitá-las quase que diariamente enquanto cresciam. Elas não só nos *conheciam* como eram nossas maiores fãs. Quando as Senhoras nos viam chegar, corriam em nossa direção, com as asas ligeiramente abertas, e nos cercavam como se fôssemos os Beatles. O pai de Howard realmente se divertia com aquilo. As Senhoras acreditavam que estávamos levando queijo *cottage* para elas, o que normalmente acontecia. Depois de terem comido todo o queijo, já com o equivalente galináceo de um bigode feito por leite, elas limpavam os bicos no chão – ou, carinhosamente, na minha calça comprida – e voltavam a comer insetos, enquanto descreviam suas buscas na língua saltitante das galinhas.

Durante quase todo o dia, as Senhoras tinham liberdade para andar pela propriedade, cujos limites intuíram imediatamente (e que, ao contrário de Christopher, respeitavam). Elas não atravessavam a rua. Elas não pulavam o muro para ir para o quintal vizinho – apesar de a casa estar vazia. Mas durante a Operação Palácio do Porquinho, limitaram seus passeios à área que ficava logo abaixo dos pés de Howard e de seu pai. As Senhoras ficaram fascinadas com o brilho dos pregos e gostavam de pegá-los com os bicos; pareciam fascinadas pelas ferramentas que eles estavam usando, talvez imaginando que o objetivo do projeto fosse trazer ainda mais minhocas para a superfície, além daquelas que estavam aparecendo debaixo de seus pés. E as galinhas não se limitavam a observar a construção; elas pareciam estar conversando a respeito, questionando e cacarejando em sinal de aprovação. Seu interesse era tão fascinante, que o pai de Howard – que não era o tipo de pessoa que você veria conversando com uma galinha – começou a dirigir-se a elas. – Com licença – ele dizia educadamente, enquanto pegava uma tábua onde estava uma das galinhas. – Desculpe – ele murmurava antes de colocar o pé onde havia algumas galinhas se movimentando e bicando o chão. Em pouco tempo, além do Palácio do Porquinho, ele estava ajudando Howard a construir o Chalé das Galinhas para elas.

Quando os pais de Howard foram embora, o Palácio do Porquinho estava terminado, e o Chalé das Galinhas, quase.

— Foi uma experiência única — disse o pai de Howard sobre o projeto de construção, com um grande sorriso.

Certamente o pagamento não foi grande coisa — ovos mexidos, lasanha vegetariana e torta de maçã —, mas pelo menos as galinhas eram mais alegres e animadas do que os seus supervisores na Sperry.

— O SEU PORQUINHO É INTELIGENTE? — AS PESSOAS PERGUNTAVAM.
— É mais inteligente do que nós — admitíamos prontamente. — Ele descobriu como fazer com que uma equipe formada por duas pessoas com ensino superior trabalhe para ele de graça em período integral.

Mesmo longe de casa, nossa servidão continuava. Estávamos sempre percorrendo o circuito dos restos de comida.

É claro que mantínhamos um saco de ração para porcos, e Chris gostava dessa comida. Mas os porcos, como os seres humanos, adoram a variedade. E como nossos prósperos vizinhos ianques, apreciávamos a idéia de alimentar nosso porquinho com boa comida que seria desperdiçada. Ao contrário de George e Mary, não tínhamos porcos suficientes para consumir um caminhão com restos de alimentos de algum grande fabricante, ou toda a comida que sobrava de alguma escola fundamental. Mas havia outros lugares onde buscar restos, e aí garimpávamos avidamente.

Um desses locais era a agência do correio. A gerente da agência, Pat Soucy, era uma jardineira cuidadosa e excelente cozinheira. Depois de juntar cascas de melões e de batatas, e talos de brócolis suficientes, ela ia para o trabalho levando tudo em uma cesta, que Howard pegava quando ia até a cidade buscar a correspondência. Às vezes, quando o dia estava quente e agradável, Pat vinha trazer a cesta na hora do almoço. Ela comia conosco em nossa mesa de piquenique debaixo da grande árvore de bordo prateado, enquanto Chris devorava seu almoço no Platô do Porquinho.

E também tínhamos as festas. Antes do Chris, eu costumava ter horror a elas. Eu nunca sabia o que dizer. Na minha cabeça, uma boa conversa normalmente começa com algo do tipo "A língua da baleia azul pesa tanto quanto um elefante". Esse é o tipo de frase capaz de afastar estranhos. Também descobri outra estratégia que não funciona em festas: ficar olhando para o chão. Tive que comparecer a uma recepção porque iria receber um prêmio e fiquei olhando para o chão com tamanha intensidade que as outras pessoas pensaram que eu tinha deixado cair alguma coisa e se ofereceram para me ajudar a procurar.

Mas agora, graças a Chris, eu tinha uma missão a cumprir nas festas. Finalmente, eu tinha algo para conversar a respeito.

Eu nem precisava tocar no assunto. Normalmente, quando encontrávamos gente nova, nossa anfitriã nos apresentava:

– Quero que conheçam Sy e Howard. Eles têm um porco.

As perguntas vinham naturalmente:

– Que tipo de porco? (Existem mais de trezentas raças de porcos no mundo, desde o gordo Poland China desenvolvido no Ohio até o Yorkshire da Dinamarca, com seu corpo comprido. Na Nova Zelândia existe o pequeno e dócil Kune-Kunes, com as dobras do papo penduradas na mandíbula. Quanto a Chris, Howard respondia, confiante: Hampshire Hill, o que não é realmente uma raça, mas era como Howard descrevia resumidamente os porcos criados por George, suínos de linhagens mistas, que se procriavam com doçura no coração.)

– Quanto ele pesa? (Nós contávamos sobre o último cálculo.)

– Ele mora na casa? (Não, mas se você visse como é nossa casa por dentro poderia pensar que sim.)

E, em seguida, a pergunta que esperávamos:

– O que ele come? (Tudo o que puder.)

Então, dávamos início à nossa abordagem sutil. Falávamos do que Christopher gostava e do que ele não gostava. Por alguma razão, ele evitava todos os membros da família da cebola, inclusive cebolinha, alho-poró, chalota. Ele não comia frutas cítricas. E nós não deixávamos que comesse carne.

Porcos não precisam comer carne. Quando estão soltos na natureza, os porcos adoram devorar uma carcaça ou um animal saboroso e indefeso que eventualmente cruze o seu caminho, mas eles não saem caçando. Seus dentes – incisivos parecidos com uma lâmina e molares afiados, como os nossos – mostram que os porcos, como nós, são verdadeiros onívoros e podem viver muito, ter vidas longas abastecidas com vegetais, frutas, grãos, nozes, feijões e raízes, como nós. Como eu não compro carne, é claro que nunca havia restos de carne em nossa casa. Mas eu também pedia aos vizinhos para tirarem os restos de carne do seu lixo.

Por quê? A resposta era simples: por causa do estrume do porco. (Este não era um tópico muito adequado para uma conversa em um jantar, mas nós vivíamos numa área rural.) Então, eu explicava para um público fascinado que a carne fazia com que o estrume do porco cheirasse mal. Também estraga a produção de adubo. Você coloca fezes de cachorro no canteiro de tomate durante o verão? É claro que não. Mas o estrume de porco vegetariano é valioso para a horta.

A essa altura da conversa, era inevitável que alguém perguntasse:

– E o que vocês pretendem fazer com ele?

Eu respirava fundo e minha vontade era perguntar:

– E o que vocês vão fazer com seu neto? Daria para alimentar muita gente com ele.

Mas Howard estava de olho.

– Vamos mandá-lo para a Sorbonne – ele respondia. E então explicava: considerando que eu era vegetariana e ele judeu, com Christopher pretendíamos explorar o território desconhecido da longevidade de um porco.

Provavelmente porque não tinha razão alguma para desconfiar de nós, Chris era um porquinho excepcionalmente charmoso, bem adaptado e alegre.

– Ah, vocês iriam adorá-lo! – nós prometíamos. – Venham visitá-lo quando quiserem! E não se esqueçam de trazer os restos. – Nós prometíamos um jantar e um show. Eles traziam um jantar para Chris. O show era vê-lo comer.

Se ele estivesse em seu chiqueiro quando as pessoas chegassem, o número de abertura era a saída entusiástica de Christopher.

– Veja, porquinho, você tem visitas! – eu dizia a ele, e Christopher respondia com grunhidos animados. O anúncio era desnecessário; ele conseguia ouvir e sentir o cheiro das pessoas chegando, assim como dos restos de comida que traziam, e ficava bastante ansioso. Quando eu abria o portão, ele disparava feito uma bala de canhão branca e preta. Eu corria com ele até o Platô levando a cesta com a comida. Então eu jogava um pouco da comida no chão, o que me dava tempo para prender sua coleira na corrente. Assim podíamos ficar olhando – um passo ou dois além do alcance da corrente – e apreciávamos o espetáculo.

Quando se tratava de comer, Christopher era um artista performático.

Assistir a um porco comendo é o máximo do prazer indireto. Raras são as chances de alguém ter tanto prazer com o prazer do outro. É como estar diante de alguém que alcançou a plena felicidade. Os porcos são animais literalmente feitos para comer – foram feitos para comer e engordar rapidamente. Roncando, rosnando e gemendo de prazer, Christopher comia com o entusiasmo de um *gourmet* e a graça natural de um atleta. A comida não era apenas a primeira coisa de sua lista de desejos; nós calculávamos que a comida era a coisa mais importante de todas as listas que se pudesse imaginar.

O ser humano não pode gostar tanto de comida. Se agir dessa maneira será rotulado de glutão, e as conseqüências, se formos acreditar no que dizem as revistas, são artérias entupidas, roupas sem forma e sentimento de culpa. Para muitos de nós, a comida é o inimigo. Mas enquanto Christopher estava comendo, parecia que ele estava se comunicando com seu Poder Maior. Era uma coisa linda de se ver.

Não é de admirar que as visitas gostassem de lhe dar comida na boca. Era sua maneira de participar da diversão. As coisas longas eram mais seguras: fatias de pão francês velho, bananas muito maduras, abobrinhas – Chris não mordia, mas era mais seguro manter alguma distância entre aquela boca ávida e sua mão. (Alimentos menores e redondos, como bolinhos e maçãs, podiam ser dados quando ele estava no chiqueiro; ele ficava com a boca aberta esperando e podíamos atirar a comida como se fosse uma bola de basquete.) Ele mordia essas coisas maiores com força, mas seu comportamento variava conforme a pessoa soltava a outra ponta ou não. Ele gostava que as pessoas ficassem segurando a fatia de pão francês, de forma que ele pudesse arrancar um pedaço, da mesma forma que os seres humanos usam garfo e faca para cortar a fatia ideal. Quando o alimento era mais duro e denso, como abobrinhas e cenouras grandes, ele simplesmente mordia esperando que você segurasse a outra parte para que não caísse no chão. Não que ele tivesse algum problema estético em comer a comida com sujeira; ele simplesmente gostava da interação com a pessoa que o estivesse alimentando.

Entretanto, a maior parte da sua alimentação era amorfa ou grudenta demais para poder ser dada com a mão; nós a colocávamos numa tigela dentro do chiqueiro. Os não-iniciados podem pensar que os porcos simplesmente engolem tudo como um aspirador de pó. Não era isso o que acontecia no reino de Hogwood. A menos que os restos de comida estivessem misturados até o ponto de se tornarem indistintos, ele escolhia cuidadosamente os itens de que mais gostava, pegando-os com delicadeza, apesar do barulho, com seus lábios dóceis: macarrão, massas, queijo e frutas. (Desde cedo ele mostrou uma queda por doces.) Em seguida vinham as cenouras e os alimentos à base de amido, especialmente arroz e batatas – principalmente se tivessem adquirido, em sua preparação original ou na cesta de restos, algum tipo de molho cremoso. Finalmente, mas ainda animado, ele comia couve, brócolis, espinafre e similares. Se houvesse qualquer vestígio de cebola ou um pedaço de casca de limão ou laranja, ele nem chegava perto. Se a refeição tivesse ovos com casca, ele os mastigava e depois cuspia delicadamente a casca.

Se lhe dessem alguma coisa tão grande que ele não conseguisse dividir imediatamente em duas partes numa única mordida – uma abóbora, por exemplo –, Christopher a levantava com a boca e a balançava, exatamente como os cachorros fazem com uma meia (e pelo mesmo motivo: é um gesto de luta, para quebrar o pescoço da presa imaginária). Esse movimento de chacoalhar-e-matar era especialmente efusivo quando Christopher ganhava uma refeição com lagosta – mais precisamente, com a carcaça de uma lagosta.

Certo dia, alguns amigos trouxeram vários convidados e seu grande cachorro preto para verem o que Christopher faria com os restos do banquete da noite anterior. Christopher pegou uma enorme carapaça como se tivesse passado a vida comendo lagosta. Ele a sacudiu de um lado para o outro, fez um meneio de cabeça como se fosse uma foca comendo um peixe e pulverizou o esqueleto vermelho com suas fortes mandíbulas. Todos ficaram encantados, principalmente um amigo que escrevia a respeito de comida. Mesmo depois de se tornar chef profissional, ele jamais viu alguém apreciar tanto uma refeição quanto Christopher.

E quando recebia alimentos de grandes dimensões? Imagine nosso entusiasmo quando a família de um fã dos gorilas da sétima série, que eu tinha conhecido durante a divulgação do meu primeiro livro, veio de sua casa em Sangus, Massachusetts, para nos visitar. Como presente, eles trouxeram uma travessa cheia de bolas lindamente retiradas de uma enorme melancia, que devia ter pesado mais de dez quilos. Acontece que minha amiga Liz Thomas iria comemorar seu sexagésimo aniversário no dia seguinte – e no outro dia iríamos celebrar o aniversário de sua mãe, a antropóloga Lorna, que faria 93 anos. Como acontecia todos os anos, eu não sabia o que fazer. Liz era uma autora bastante conhecida (seus livros – *The Harmless People*, sobre os bosquímanos, e *Warrior Herdsmen*, sobre os guerreiros nômades dodoth de Uganda – continuam a ser impressos depois de três décadas, e seus livros mais recentes, uma série de romances sobre o Paleolítico, foram sucessos instantâneos); podia ter o que quisesse. Lorna, depois de 93 anos, certamente também havia adquirido tudo o que queria. Eu não tinha idéia do que poderia dar a elas, mas agora eu tinha o presente perfeito: eu iria convidá-las para ver Chris comendo os restos da melancia.

Ele não nos desapontou. Chris já estava na posição quando Liz e Lorna chegaram. Liz ajudou Lorna a caminhar com sua bengala até o Platô. Eu tirei a enorme melancia da geladeira e coloquei o gigante esburacado diante de Christopher. Ele começou a morder a melancia alegremente. Levantou-a. Sacudiu-a. Pedaços de melancia voaram para todos os lados, como fogos de artifício. A cada nova mordida, o suco doce se misturava a sua baba espumosa e escorria por seu papo como se fosse champanhe *rosé* na véspera de Ano-novo. E, naturalmente, toda a ação foi acompanhada pela mastigação festiva, por grunhidos e urros de um porco feliz.

Foi um grande sucesso.

Liz e Lorna adoravam animais. Liz tinha estudado animais do mundo todo, e, junto com o marido, Steve, dividiu sua casa ao longo dos anos com um jupará (parente sul-americano do guaxinim), um dingo, alguns *huskies*, dois iguanas, seis gambás abandonados, além de dois cachorros e quatro gatos. (Lorna seria mais do que bem-vinda na casa, mas insistia em morar sozinha em sua própria casa perto da Universidade Harvard – ela pretendia concluir sua análise acadêmica dos estudos pioneiros da família a respeito dos bosquímanos. Quando queria visitar New Hampshire, Lorna dirigia durante duas horas e meia até a casa de Liz e Steve.) Lorna adorava os animais e eles também a adoravam; quando vinha até nossa casa, nossa calopsita ia voando até pousar nos cabelos brancos de Lorna e ficava dando voltas como se fosse um chapéu vivo.

Liz era uma das amigas especiais de Chris desde que ele tinha vindo morar conosco. Como Gretchen, Liz era uma consultora indispensável no que dizia respeito a questões suínas. Foi Liz quem me ensinou como induzir Christopher a deitar. Isso não funcionava em todas as circunstâncias – se Chris estivesse comendo, por exemplo, não havia força na Terra capaz de interrompê-lo. Mas se você acariciar um porco na região da virilha – na área da barriga próxima às suas pernas traseiras, especialmente em torno dos mamilos –, ele não resiste e deita de lado, sucumbindo ao prazer. Essa carícia íntima é quase hipnótica para todas as espécies de mamíferos, Liz me contou – provavelmente porque emula a sensação da mãe lambendo o filhote para limpá-lo, o que normalmente é feito depois da amamentação. (Eu descobri depois que funciona até com rinocerontes, quando estava visitando um santuário no Texas e fiz a experiência com um animal cativo.)

É claro que, se dependesse de Chris, você ficaria acariciando a barriga dele para sempre. E a verdade é que para todo mundo isso era uma verdadeira tentação. Quem é que não gosta dessa troca tão gostosa de prazer e alegria com um animal? Não é sempre que se encontra alguém tão receptivo a um carinho. Sua felicidade era contagiante.

– Bom porquinho, bom porquinho – nós sussurrávamos para o animalzinho deitado enquanto o acariciávamos, como se fosse uma cantiga de ninar. – Bom porquinho, bom porquinho. Leitãozinho lindo. Bom, bom. Booom. – Ele grunhia exatamente no mesmo ritmo, diminuindo o ritmo enquanto se espreguiçava.

Carícias na barriga normalmente eram o grande final de todas as apresentações públicas de Christopher comendo. E é claro que foi o que fizemos depois que Chris terminou de comer a melancia no aniversário de Liz e Lorna.

Antes, porém, Howard tirou uma foto para celebrar o evento. Nós nos alinhamos diante da câmera, de acordo com a antiguidade: Christopher, um ano; eu, 33; Liz, 60; Lorna, 93.

– Nós temos trinta anos de diferença – Liz observou.

– Sim, aqui estamos nós – observou Lorna –, quatro gerações. – Até parecia uma foto de família. Exceto pelo fato de que apenas dois dos membros da família tinham ligação genética, e um desses membros tinha um nariz redondo achatado e um rabo peludo.

Capítulo 5

Uma família unida

A IGREJA TAMBÉM SE MOSTROU UMA FONTE VALIOSA PARA A obtenção de restos de comida.

O pastor participava do nosso esquema. Ele me apresentava para os novos membros e visitantes com a esperança de garantir restos comestíveis.

– Esta é Sy Montgomery. Ela vive com um porco. E não estou falando do marido.

Nós realmente conseguíamos doadores dessa forma, mas nossa fonte mais confiável ainda era o próprio pastor. Graham e sua esposa, Maggie, vinham até nossa casa sempre que tinham restos acumulados. Maggie adorava Christopher e mantinha uma foto de quando ele era bebê no parapeito da janela sobre a pia da cozinha da residência do pastor. No primeiro verão que passamos com Chris, Maggie começou a ter problemas de saúde, mas ela sempre se sentia melhor quando estava perto de Christopher. E eu sempre me sentia melhor quando estava perto de Graham e de Maggie.

Eles eram um pouco mais velhos do que nós, e os dois eram muito cultos. Maggie tinha sido reitora de uma faculdade para mulheres (mas quando Graham foi chamado para nossa congregação, ela teve que trabalhar como garçonete no restaurante da pousada local). Graham havia estudado geologia antes de mudar para teologia. Os dois liam muito e refletiam bastante. Nossas conversas eram sempre animadas e às vezes bastante profundas – e sempre revigoradas pela edificante experiência de ver um porco comendo.

– Uma das primeiras coisas que Jesus fez foi expulsar os demônios do corpo e colocá-los em suínos – Maggie observou certo dia, enquanto Christopher mastigava uma abobrinha muito grande que ela havia trazido de sua horta. – Eu sempre achei que isso não era justo.

– Bem, Jesus não podia ficar apenas tentando ser um sujeito simpático – disse Graham. – Ele era um exorcista. Nós esquecemos isso. Mas o verdadeiro problema dos seres humanos está em serem possuídos por espíritos malignos. Por isso Jesus os colocou em uma vara de suínos e os enviou para um penhasco.

– Mas o que é que os porcos fizeram de errado? – eu perguntei. – Eles eram espectadores inocentes. O que é que Jesus tinha contra eles?

– Jesus provavelmente odiava os porcos – Graham falou.

Eu estava perplexa.

– Esse é um verdadeiro desafio para minha fé, Graham!

O pastor riu. Em seus sermões, ele sempre enfatizava que a Bíblia devia ser entendida dentro de um contexto histórico e cultural. Afinal, dizia ele, Jesus era um judeu vivendo em Israel sob o domínio dos romanos – época, lugar e cultura em que os suínos eram considerados animais sujos e vis.

Por que esse preconceito contra os porcos?

Poderia ser apenas uma questão prática. Maggie sugeriu que o tabu contra os porcos talvez fosse uma regulamentação da área de saúde com inspiração divina. Se a carne do porco não for bem cozida existe o perigo da triquinose. O corão também proíbe a carne de porco, provavelmente pelo mesmo motivo. (Mas as pessoas também podem ter triquinose se comerem qualquer carne malcozida.)

Poderia ainda ser uma questão ecológica ou econômica. Essa era uma conversa sem fim. Já faz 15 anos que Graham e eu conversamos sobre tabus religiosos e os porcos. Recentemente, ele sugeriu uma outra possibilidade. Talvez os porcos lembrassem demais aos antigos judeus sua própria essência.

– Os porcos são tão próximos dos seres humanos – ele disse. – São muito inteligentes. O coração deles é tão parecido com o nosso que usamos suas válvulas na medicina. Até a pele deles é parecida com a nossa – ou pelo menos é o que dizem.

– Isso pode explicar nosso desconforto em relação aos porcos – disse Graham. – Existe uma sensação de proximidade muito grande, é como se estivéssemos comendo um elemento de nós mesmos.

Para os chineses, os porcos trazem sorte, e são um símbolo da fertilidade e da riqueza.

Em outros lugares da Ásia, os porcos são bastante admirados. Uma lenda hindu diz que o grande deus Vishnu assumiu a forma de um javali para poder carregar a Terra nas costas e poupá-la das águas da inundação primordial; ele normalmente é retratado com a cabeça de um javali sobre um corpo humano. Na Papua-Nova Guiné, os porcos não são comidos. Em vez disso, são admirados por sua beleza e fecundidade, e especialmente por seus belos dentes.

No final do primeiro ano conosco, Christopher ainda não tinha dentes. Mas eu já achava que ele era muito bonito: seu corpo preto e branco era brilhante, seus olhos eram vivos e expressivos, seus cascos pretos eram reluzentes e bem-acabados. Mas a sua beleza ia além da aparência ou da gordura. Apesar de não percebermos isso na época, Christopher já estava nos concedendo as graças que durante séculos haviam sido atribuídas aos porcos: força, sorte, amizades, e até mesmo uma família.

NOSSO PRÓPRIO LAR; UM TRABALHO SIGNIFICATIVO; UM ÓTIMO CASAMENTO; amigos que adorávamos; um porco popular. O que mais poderíamos querer? Apenas uma coisa: um cachorro.

Na verdade, tínhamos tentado adotar um cachorro no verão em que Chris ainda era um bebê. Em uma de suas idas ao hipermercado, Howard tinha visto um cartaz com fotos de uma border collie de dois anos que precisava de um bom lar. Em viagens pela Nova Zelândia e pela Grã-Bretanha, nós já tínhamos visto esses maravilhosos cães-pastores conduzindo ovelhas e ficamos maravilhados com eles. Howard anotou o número do telefone e ligou assim que chegou em casa. Mas, para nossa tristeza, a senhora que atendeu – Evelyn Naglie, que aparentemente dirigia um abrigo particular – mostrou-se relutante em relação à cadela.

Ela explicou que Tess – era esse o nome da cadela – tinha sido trazida no inverno anterior por uma família que achava a border collie muito agitada. Pouco depois de sua chegada, Tess se envolveu em um terrível acidente. Ao correr atrás de uma bola que uma criança havia atirado na rua, ela foi atingida por um trator usado para limpar a neve e quebrou a bacia. Ela tinha passado por duas cirurgias e vivera praticamente o ano todo em um engradado. Sua perna direita nunca mais seria a mesma.

Apesar do que dizia o cartaz, Tess ainda não estava suficientemente recuperada para ir embora, nos contou Evelyn. Howard pediu a ela que guardasse nosso número e que nos telefonasse quando Tess estivesse pronta para ser adotada. Mas nunca mais ouvimos falar dela.

Um ano depois, em uma tarde de agosto, nossa inquilina Mary Pat veio nos dizer que tinha boas notícias. Ela sabia que estávamos ansiosos para adotar um cachorro, especialmente depois da morte da nossa adorada gata Mika, em novembro, por causa de um câncer. Acontece que o lugar onde Mary Pat e John deixavam sua peluda samoieda branca, chamada Chloe, também dava abrigo para animais abandonados. Eles tinham uma border collie para adoção.

Howard telefonou. Uma voz familiar atendeu do outro lado. Era Evelyn. Ela disse que se tratava de uma fêmea de três anos.

Era Tess.

Estávamos destinados a ficar juntos. Fomos apanhar Tess naquela mesma tarde.

OS BORDER COLLIES SÃO CÃES QUE DEVERIAM VIR COM UM AVISO.

Nós descobrimos depois que a primeira família de Tess tinha cometido o erro de adotar um filhote de border collie para deixar o animal em casa sozinho, frustrado, assustado e chateado. Quando voltavam, o filhote tinha destruído tudo na casa.

Não é de admirar. Os border collies são cães muito intensos e espertos demais para ficarem sozinhos o dia todo sem nada para fazer. Se não tiverem o que fazer, vão inventar alguma coisa – e certamente não será o que você tem em mente.

Os border collies não são criados por causa da sua aparência, mas por causa do cérebro. Eles não se parecem com a Lassie. Eles sequer são parecidos com outros border collies. Normalmente são pretos com uma mancha branca no nariz, um colarinho branco e outra mancha branca na ponta do rabo. As orelhas podem ser moles ou pontudas, o pêlo comprido ou curto. O border collie foi desenvolvido para pastorear ovelhas, em geral longe do pastor, nas montanhas e nas charnecas das ilhas britânicas – tarefa que exigia extrema agilidade, resistência e inteligência. O que distingue os border collies é sua perspectiva de vida. Eles precisam ter trabalho para fazer, do contrário enlouquecem. Seja pastoreando ovelhas ou correndo atrás de frisbees, os border collies são perfeccionistas compulsivos e fazem tudo com intensidade e dedicação incríveis.

Algumas pessoas dizem que eles são maníacos.

O instinto do pastoreio é tão forte que, na ausência de ovelhas, os border collies pastoreiam esquilos, crianças, ônibus e até insetos. Eles são excepcionalmente independentes, emotivos e determinados. Em competições, se o orientador comete um erro que lhes custe a faixa, o cachorro é capaz de manter-se irritado durante dias. E os border collies são tão brilhantes que conseguem entender praticamente tudo. Eles rapidamente aprendem a abrir armários, portas e geladeiras. Conhecemos a história de um border collie (Devon, do delicioso *A Dog Year*, de autoria de Jon Katz) que estava sempre fugindo do seu cercado, empurrando sistematicamente a mesma tábua solta – e depois colocando-a no lugar assim que escapava. Esse mesmo cachorro costumava abrir o pacote com o sanduíche de queijo e presunto de Katz para retirar cuidadosamente e comer apenas o presunto, deixando o resto do sanduíche intocado.

Eu fiquei pensando – por pouco tempo – se seria realmente uma boa idéia acrescentar ao lar outro gênio potencialmente diabólico.

Afinal, exatamente naquela semana, nosso porco fora preso novamente pela polícia.

Eu tinha ido para a "grande cidade" de Keene (bem, era uma cidade, de qualquer forma), a 45 minutos de distância, onde estava dando um pequeno curso de redação na Antioch New England Graduate School. Eu havia deixado

Chris do lado de fora, preso à sua corrente, e pedira a Howard que de vez em quando desse uma espiada para ver se estava tudo bem. Quando saiu para dar a primeira olhada, ele não viu o porquinho, mas viu a corda, esticada na direção do lamaçal que existia em meio a algumas árvores. Na segunda vez, a corda estava exatamente na mesma posição. Howard seguiu-a e não encontrou nenhum porquinho na ponta.

Howard saiu correndo pela estrada 137, sacudindo uma caneca cheia de grãos de café. Encontrou Mike Cass no caminho.

– Está procurando alguma coisa? – Mike perguntou.

– Estou – Howard respondeu. – Uns cem quilos de bacon.

Mas Ed já tinha prendido Christopher e estava usando maçãs para levá-lo de volta para o nosso celeiro.

Na noite seguinte, nosso porquinho estava na TV. Ele fez uma participação especial em um programa da TV pública de New Hampshire, em um trecho filmado em nossa casa por uma produtora local, Liz Klein. O programa, na verdade, era sobre meu livro *Walking with the Great Apes*, que havia sido publicado naquela primavera. Foram apresentadas entrevistas feitas comigo, com Jane Goodall, Dian Fossey e Biruté Galdikas. Mas o que ficou na memória de todo mundo foi a imagem de Christopher trotando alegremente atrás de mim na direção do seu Platô, seguido pelas galinhas.

– Eu vi o seu porquinho na TV – Mike disse a Howard, quando eles se encontraram no Cash Market.

– Pois é – Howard respondeu. – Num dia ele é preso pela polícia, e no dia seguinte aparece na TV.

NÓS ESTÁVAMOS PREOCUPADOS. SERÁ QUE TESS IRIA FUGIR? SERÁ QUE IRIA latir sem parar? Correr atrás das galinhas? E, o mais preocupante de tudo, tentaria pastorear nosso porquinho? (Isso não iria funcionar com Chris, nós tínhamos certeza.)

Mas ela não fez nada disso. Simplesmente ignorou os outros animais. Ela estava inteira e obsessivamente concentrada em nós.

As coisas andaram surpreendentemente bem logo no início. Quando a trouxemos para seu novo lar, passamos algum tempo brincando com sua bola de tênis favorita no quintal. Howard atirava a bola, e Tess corria atrás dela com a velocidade do vento. A menos que olhássemos com muita atenção, a fraqueza de sua perna direita traseira era quase imperceptível. Ela pulava no ar – ficando com as quatro patas acima do chão –, pegava a bola com a boca e depois voltava correndo para nós, com a bola na direção de nossas mãos estendidas. Embora Howard tivesse muito mais força no braço, de vez em quando Tess devolvia a bola para mim. Ela acompanhava tudo. Brincamos até que ela ficasse de língua para fora.

De repente nos ocorreu que Tess deveria esvaziar a bexiga antes de entrar em casa. Então, eu a levei até um espaço com grama alta.

– Tess, xixi! – eu sugeri, sem muita convicção de que fosse acontecer alguma coisa. Para minha surpresa, ela se agachou e resolveu o assunto prontamente. "Boa cachorrinha!" Não era tanto um elogio, mas uma constatação.

– Tess, venha! – nós dissemos, chamando-a para entrar em casa. Ela nos seguiu atentamente. E a partir daí passou a observar cada movimento que fazíamos, com seus olhos castanhos intensos, usando sua grande inteligência para adivinhar o que Howard e eu gostaríamos que ela fizesse.

Ela era capaz de ficar sentada ao lado de um de nós durante trinta minutos, enquanto mantinha seu olhar atento concentrado em mim ou em Howard, como se fosse um radar. Depois, podia mudar e ficar do lado do outro. Depois de uma hora, podíamos sentir a tensão aumentando. Então, nós íamos lá fora jogar a bola de tênis ou o frisbee de novo. Ela era uma atleta de primeira, dizia Howard. Ela pegava e trazia qualquer coisa que atirássemos com a mesma intensidade, graça e habilidade. Mas apesar de gostar de pegar os brinquedos, nós sentíamos que, para ela, isso não era uma brincadeira. Era trabalho – trabalho que ela adorava –, e encarava isso com a mesma seriedade com que nós encarávamos o nosso trabalho. Talvez ela pensasse que, se nos impressionasse com suas jogadas, nós a deixaríamos ficar.

Embora tivesse uma energia frenética, sob outros aspectos Tess era absolutamente reservada. Ela apenas tolerava um carinho. Ela não nos beijava, nem sentava aos nossos pés, não implorava pela comida da mesa nem pedia carinho como os outros cachorros costumam fazer. Ela era muito elegante e refinada para isso. Mas não gostava de ficar sozinha. Nem mesmo lá fora.

Depois que Evelyn nos contou toda a sua história, nós entendemos seus motivos. A primeira família de Tess não conseguia lidar com sua energia, nos disse Evelyn. Qualquer família tola o bastante para adotar um filhote de border collie e depois deixá-lo sozinho em casa o dia inteiro certamente não tem a menor idéia de como agir para ensinar um animal a se comportar adequadamente – nem mesmo um tão inteligente quanto o border collie. Quando Tess destruía a casa, o que era previsível, a família reagia com maus-tratos. E depois a abandonaram. A família teve pelo menos o bom senso de deixá-la com Evelyn. Mas, então, aconteceu o terrível acidente, seguido por duas cirurgias e uma recuperação longa e dolorosa.

Quando Tess finalmente ficou suficientemente boa para ser adotada, Evelyn perdera nosso número de telefone e nem lembrava mais de nós. Um casal de aposentados havia telefonado, e Tess foi viver com eles. Eles a amaram, e ela também se apaixonou por eles. Finalmente ela havia encontrado um lar. Mas isso durou apenas um ano. O casal perdeu a casa em que morava por causa da recessão. Foram obrigados a se mudar para um pequeno apartamento onde não permitiam cachorros. Relutantemente, trouxeram Tess de volta para Evelyn. E, então, graças a Mary Pat, Tess acabou vindo conosco para casa.

Era compreensível que sentisse alguma desconfiança em relação à nova família. Quando batíamos no sofá para convidá-la a sentar-se conosco, ela nos olhava com descrença. Quando finalmente subia, parecia dividida entre o medo de desobedecer ao nosso comando e o medo de ser repreendida por fazer algo que antes não lhe era permitido. Quando a convidamos para dormir em nossa cama, mostrou-se incrédula. Tensa, ela ficou em pé sobre o colchão e desceu na primeira oportunidade, como se estivesse esperando que a enxotássemos dali. Ela só comia se nós a cobríssemos de elogios – "Que boa menina você é! Tess é muito boa!" – e depois nós lhe dávamos um biscoito de sobremesa.

Durante a primeira semana que passou conosco, ela não latiu uma única vez. Então apareceu um entregador do FedEx. (Howard defende a teoria de que os cachorros latem para os entregadores porque acreditam que se não fizerem isso essas pessoas podem *levar* alguma coisa da casa. Mas, como os cachorros latem, eles *deixam* alguma coisa – uma seqüência de eventos que acaba provando para os cachorros que seus latidos são eficientes.) Quando Tess começou a latir, nós a elogiamos como se aquilo fosse a coisa mais inspirada e original que um cachorro pudesse ter feito.

Ela também não mastigava coisas. E, como toalete, ela usava a grama alta do fundo – nunca o gramado, e a casa, jamais – mas nem se atrevia a fazer xixi se não pedíssemos. Era como se sentisse que nós, sua terceira família, fôssemos sua última chance, e não queria estragar tudo. Mas também parecia que estava sempre elaborando algum plano para qualquer eventualidade caso não desse certo conosco. Ela parecia estar refreando suas emoções, protegendo seu coração para que não sofresse novamente.

Então, compreendemos que, ao trazer Tess para casa, assumimos um compromisso monumental, para toda a vida: precisávamos conquistar o amor dessa criatura extremamente inteligente, linda e misteriosa. Cabia a nós compensar a crueldade e o sofrimento que ela enfrentara no passado.

CONTANDO CHRIS, TESS E AS SENHORAS, HOWARD E EU ESTÁVAMOS NÃO apenas perdendo em termos numéricos como também de inteligência – para não falar do peso. O que é que nós tínhamos na cabeça?

Algumas pessoas vêem seus animais como substitutos dos filhos. Certos psicólogos explicam a relação amorosa entre as pessoas e os animais no que se refere à paternidade frustrada. Esses psicólogos identificaram algumas características físicas, como a cara achatada e os olhos grandes dos cães da raça pug, que eles chamam de "liberação infantil", e alegam que diante dessas características são ativados sentimentos maternais equivocados em relação aos animais. Isso sugere que qualquer amizade entre um ser humano e um animal é apenas uma espécie de conexão errada, um desejo frustrado que a pessoa sente por um bebê humano – uma visão simplista, na minha opinião, que é ofensiva para as mães, que rebaixa os animais e que subestima a complexidade do amor.

Nossos bichos não eram nossos filhos. É verdade que criamos Chris desde que era um filhotinho – mas jamais o confundimos com um bebê de verdade. Em seu primeiro aniversário, Christopher Hogwood já estava grande o bastante para nos comer. (Esse era outro motivo para não lhe darmos carne – não queríamos pôr idéias em sua cabeça.) Nossas galinhas também estavam crescidas (como provavam os oitenta ovos semanais); eram tão adultas quanto nós. E ninguém poderia duvidar de que Tess fosse adulta. Era uma criatura completamente formada, totalmente madura e com seu próprio passado misterioso.

Não, nossos bichos não eram bebês. Além disso, se quiséssemos bebês, sabíamos muito bem como fazê-los. Mas preferimos não os ter.

O fato de alguém não querer ter filhos é algo que muitas pessoas não entendem. "Você não sente o seu útero chamando?", perguntou uma conhecida da mesma idade que eu. Eu disse que os órgãos do meu corpo não costumavam falar muito e que esperava que as coisas continuassem assim. Na verdade, eu estava mais firme do que Howard quanto à decisão de não ter filhos. Quando tínhamos 20 e tantos anos, ele chegou a tocar no assunto – uma vez. A minha resposta, bem sensível e atenciosa foi algo do tipo: "Esqueça." Eu decidi que não teria filhos quando ainda era criança, ao descobrir, nos anos sessenta, que a superpopulação humana estava literalmente comprimindo outras espécies do planeta. Por que eu deveria criar outra boca para consumir o já sobrecarregado planeta Terra? Eu tinha aproximadamente sete anos na época e jamais me arrependi dessa decisão.

Ao contrário da maioria das meninas, eu nunca fui maluca por bebês. Eu me interessaria muito mais por eles se tivessem pêlos, como quase todos os mamíferos normais. Os mamíferos cujos filhotes nascem assim pelados enfiam seus bebês em buracos, ou, no caso dos marsupiais, guardam-nos em uma bolsa até que estejam peludos e bonitinhos o bastante para serem vistos. Eu não odiava bebês, é claro. Mas depois de ter tomado minha decisão, jamais alimentei o desejo de ter um. Por isso, quando me vi casada e feliz, realizada com meu trabalho e cercada por amigos de várias espécies, crianças simplesmente não faziam parte do quadro.

Isso até o dia em que duas loirinhas pularam o muro de pedra da casa vizinha, irresistivelmente atraídas pelo porquinho malhado de preto e branco.

DENTRO DAQUELA CASA FRIA E VAZIA, AS GAROTAS FORLORN E SUA MÃE só desejavam uma coisa: voltar para sua própria casa. Mas elas não podiam. Era exatamente esse o problema que as havia trazido para a casa vazia ao lado da nossa.

Elas ainda estavam se recuperando do divórcio. Foram necessários quatro anos e três advogados para colocar um fim no amargo casamento de Lilla Cabot com o pai das meninas. Kate, de dez anos, e Jane, de sete, não se importavam se nunca mais vissem o pai de novo – na verdade, até ficariam felizes por isso. Mas sentiam como se também estivessem perdendo sua avó, tias e tios. Elas tinham a impressão de que toda a família se havia voltado contra elas, e de que tinham sido forçadas a desistir da casa em que haviam morado durante toda a vida.

Kate e Jane adoravam a casinha de telhas finas de madeira no meio das densas florestas de Hancock. Estava próxima ao centro da natureza, cercada por centenas de acres de terra protegida. Ali, as irmãs haviam descoberto o canto dos chapins e o batucar dos pica-paus, onde encontrar salamandras, como pegar sapos. A casa pertencera à família desde que fora construída pelo tataravô de Lilla. Mas agora a casa precisava ser vendida.

Naquela época, New Hampshire e o resto do país estavam mergulhados em uma recessão. Porém, apesar de haver pouco dinheiro, o mercado imobiliário estava aquecido. Assim que saiu o divórcio, a casa foi vendida três horas após ser anunciada.

Assim, Lilla e suas filhas precisavam encontrar um lugar para morar – e rápido. A velha casa vizinha à nossa era a única da cidade disponível para aluguel que permitiria a mudança em janeiro. As crianças odiaram-na imediatamente. Kate e Jane nunca haviam estado em uma casa vazia antes. Parecia assustadora. Era outubro e já se podia ver que a casa não tinha qualquer isolamento térmico. "Era tão inóspita", lembra Kate. "Uma dessas casas pequenas, escuras e velhas, mais fria por dentro do que do lado de fora."

Mas elas não tinham escolha. Em janeiro, outras duas meninas estariam se mudando para a casa *delas*. Kate e Jane pensaram com tristeza nas outras meninas e em suas bonecas espalhadas pelos velhos cômodos da casa que elas adoravam e onde haviam brincado com seus bichinhos de pelúcia. As irmãs se sentiam traídas, e aqueles cômodos frios e vazios eram a materialização de como se sentiam por dentro.

Elas saíram com a mãe para dar uma volta pelo quintal dos fundos, sentindo-se péssimas.

Foi então que Kate viu uma coisa preta e branca na casa ao lado.

– Podemos dar uma espiada? Podemos dar uma espiada? – pediram as garotas para a mãe.

Kate, que como sua irmã mais nova adorava cavalos, já tinha percebido que havia um celeiro na casa vizinha e ficara pensando se haveria ali um pônei. Elas saíram correndo, Kate na frente, seguida por Jane.

Assim que subiu em cima do muro de pedra que separava as duas propriedades, Kate viu a cara de Christopher.

– Uau! – ela disse para a irmã. – Isso é ainda mais legal do que um cavalo! É um porco!

Nós estávamos no Platô – Christopher, Tess e eu – e vimos duas lindas loirinhas correndo em nossa direção. Chris mexeu o nariz achatado para sentir o cheiro delas e soltou um grunhido.

– Venham conhecer Christopher Hogwood – eu disse. – E esta é a Tess...

Eu não perguntei quem eram, e não me apresentei. Fomos direto ao assunto.

– É claro que você pode fazer carinho nele! Veja, sinta como é aqui atrás das orelhas!

– É tão macio!

– E ele é tão peludo!

– Eu achava que os porcos fossem cor-de-rosa...

– Agora, olhem só pra isso – eu disse, certa de que iria impressionar o público: – você acaricia a barriga, bem aqui nos mamilos, assim, vejam que mamilos bonitinhos ele tem! Isso mesmo... Fiquem mais para trás, ele vai se virar...

Christopher ficou com aquele ar sonhador nos olhos, dobrou as pernas, e então, deitou de lado, fazendo barulho ao cair no chão.

– Puxa! – as garotas exclamaram em uníssono.

– Huumm! – Christopher respondeu. – Huumm...um...um...um...

– Ele quer que continuemos a fazer carinho – eu disse. Mas Chris já havia deixado isso claro, grunhindo em êxtase ao ritmo das pequenas mãos das meninas. – Puxa, ele realmente gostou de vocês!

Lilla, versão de 36 anos de suas loirinhas de olhos azuis, atravessou o pequeno muro de pedra para ver a cena: suas meninas, cercadas por oito galinhas curiosas e observadas por uma border collie desconfiada, estavam completamente absorvidas na tarefa de acariciar e massagear um porco preto e branco de cem quilos, deitado de costas em estado de júbilo.

"No momento em que o vi", Lilla recorda, "a nuvem de ansiedade e desespero que nos cercava simplesmente desapareceu. A sensação tomou conta de todo o meu corpo: *vai dar tudo certo.*"

Nossas quatro cabeças louras ficaram inclinadas para a frente, enquanto oito mãos acariciavam a barriga rosada de Chris. Acompanhando seus grunhidos, nós repetíamos seu mantra favorito:

Bom porquinho, bom porquinho. Bom, bom, booom....

Capítulo 6

Salão de beleza do porco

– O.K., ESTOU ABRINDO A PORTA. VOCÊS ESTÃO PRONTAS?

Kate e Jane estavam em pé, no lado do celeiro voltado para a subida – na direção em que Christopher não costumava correr.

– O.K.! – elas responderam. – Prontas!

As garotas já conheciam bem o exercício. Ao longo do segundo ano de Christopher, nós tínhamos aperfeiçoado a Corrida do Porco. Nós a executávamos praticamente todos os dias, se o céu mostrasse a mínima possibilidade de sol e o chão estivesse sem neve. Agora, havia se tornado uma atividade rotineira, e uma operação sem problemas exigia que as garotas executassem com perfeição as suas tarefas.

Primeiro: comida de prontidão. Eu carregava uma cesta pesada, mas pelo menos uma das meninas – normalmente as duas – ficava a postos com determinado item especialmente apetitoso, como um *muffin* de cereja ou um *bagel*, para orientar Chris caso ele saísse do trajeto.

Segundo: administração do vestuário. Christopher tinha crescido demais para caber numa coleira de cachorro tamanho GG, e agora, na hora do jantar, tinha que usar um dispositivo mais elaborado que colocávamos nele quando saía do chiqueiro. Era uma mistura das coisas usadas antes. Ele tinha usado uma coleira feita especialmente para ele por um fabricante de equipamento para exploração de cavernas. Mas – surpreendentemente – o equipamento *quebrou*. Por isso, essa coleira se transformou na base sobre a qual foram colocadas partes de coleiras anteriores, graças à habilidade do único sapateiro que encontramos na região. Chris era o único de seus clientes que tinha 16 dedos. Kate carregava a coleira, e era a única que conseguia administrar o emaranhado de tiras e fivelas necessárias para prendê-la em Christopher.

Terceiro: patrulha da border collie. Jane me ajudava a garantir que Tess mantivesse sua "posição" distante da trajetória de Christopher até que o terreno estivesse livre. Isso não era tão fácil. Mesmo depois de um ano conosco, Tess ainda não estava convencida de que não iríamos fugir dela. Por isso, sempre que nos distanciávamos alguns metros, Tess tentava se aproximar de mim sem ser vista – apesar de que, quando eu dizia "quieta", ela se abaixava e ficava imóvel. Com a atenção de Tess concentrada em mim, e a de Chris na comida que eu carregava, qualquer um consideraria inteiramente possível uma colisão involuntária dos dois animais – menos Jane. Sua atenção era inabalável. Apesar de ter apenas sete anos e as pernas curtas para sua idade, a firme determinação de Jane ficava evidente em tudo o que fazia, da sua agressividade concentrada no time de futebol ao modo como conseguia juntar sua mãe liberal e sua irmã mais velha na porta da casa para não chegarem atrasadas a todos os seus compromissos. Ela era perfeita para aquele trabalho.

Por fim, havia uma quarta tarefa, não declarada, mas perfeitamente compreendida: não se deixe atropelar pelo porco. Nós todos sabíamos que isso poderia resultar num problema grave, porque no segundo verão de sua vida, Christopher Hogwood estava pesando bem mais do que 130 quilos.

Ter um porco desse tamanho na família parecia algo perfeitamente normal para mim. Já o fato de ter crianças na minha vida, isso sim, era uma grande surpresa.

Mesmo para um casal sem filhos, a nossa falta de contato com crianças era impressionante. O irmão de Howard tinha dois filhos ótimos, Eric e Scott, mas a família vivia em Long Island e raramente nos encontrávamos. Os amigos com quem passávamos a maior parte do tempo eram mais velhos, os filhos já estavam crescidos – ou então não tinham filhos, como nós. Também o fato de escrevermos para um público adulto não favorecia o contato com crianças; nossos deveres cívicos também não (eu colaborava com a comissão de conservação e como diaconisa na igreja, e Howard presidia o conselho de administração da biblioteca).

Isso não representava problema para mim. Eu nunca tinha sido uma dessas pessoas "boas com crianças", nem mesmo quando eu também era criança.

Quase todos os meus companheiros de infância eram adultos. Eu e Molly, nossa terrier escocesa, crescemos juntas, mas todos os outros – os papagaios e as tartarugas, peixes e lagartos – já eram crescidos quando os conheci. Quanto a humanos jovens, eu sabia muito pouco a respeito deles. Quando vivíamos no forte Hamilton, eu não ia para a escola com as outras crianças da base militar. Durante a semana, eu ia de limusine até o Brooklyn, onde ficava o Packer Collegiate Institute, uma escola protestante particular com enormes corrimãos de bronze ao longo das escadas de madeira, professores que gritavam se você pusesse o cotovelo na mesa, e uma hora de orações na capela todas as manhãs. Meus colegas de classe moravam muito longe para podermos nos encontrar para brincar nos fins de semana, e nenhuma criança da base queria brincar com a filha do general.

Mas isso não tinha importância. Eu não *queria* mesmo jogar bola na rua; eu queria passear com Molly e ver o que ela estava farejando. E, dentro de casa, eu não *queria* brincar de boneca com as outras meninas; eu preferia os habitantes pré-históricos da Cidade do Barulho, um vilarejo habitado por dinossauros movidos a pilha, onde um dinossauro verde e púrpura de aproximadamente trinta centímetros chamado Rei Zor caminhava para a frente cuspindo faíscas e flechas de borracha para manter na linha os brontossauros, os anquilossauros e os ceratopsianos, que eram menores do que ele.

Na quinta série, quando meu pai se aposentou do exército e nos mudamos para New Jersey, eu só tirava notas A, tinha decorado o livro de hinos metodistas, e lia em francês e inglês com a proficiência de uma aluna do ensino médio. Mas não tinha a mínima idéia de como era brincar com crianças. Um quarto de século depois, eu ainda não tinha aprendido.

Mas Christopher Hogwood mudou tudo isso.

DESDE O PRIMEIRO DIA EM QUE SE MUDARAM NAQUELE MÊS DE JANEIRO, havia sempre um pote vazio de sorvete sobre o balcão da cozinha das Cabot. Era o pote dos restos, o foco de todas as refeições.

– Uau – macarrão! – as meninas exclamavam com alegria quando Lilla fazia espaguete. – Christopher vai adorar! – As garotas comiam muito pouco no jantar para que sobrasse mais para alegrar o porquinho.

– *Bagels*! Ótimo! – diziam no café-da-manhã, certificando-se de que sobraria bastante para o porquinho. Na casa delas, comida queimada era sinônimo de comemoração, e quando uma melancia inteira se espatifou no chão, elas gritaram de alegria, como se tivessem acertado a cesta com uma bola de basquete... direto para o chiqueiro de Christopher.

Quando a família se mudou, eu lhes disse que poderiam trazer coisas para Chris a qualquer hora, mas pedi que falassem comigo primeiro. Lilla deve ter pensado que isso talvez fosse para evitar que suas filhas pequenas pudessem ser mordidas ou atacadas por um porco enorme. Não era esse o caso. Na verdade, minha principal preocupação era evitar que alguém desse a Chris alguma coisa desagradável. (Eu descobri que os novatos acabavam esquecendo o veto em relação à carne, ou que Christopher não gostava de cebolas e cítricos, e podiam até deixar passar sem querer um pedaço de plástico ou um palito de dente.)

Na primeira tarde depois que se mudaram, as meninas vieram trazer restos de comida. Eu estava concentrada na elaboração da minha coluna mensal para o *Boston Globe*, escrevendo sobre os hábitos dos insetos no inverno. (Nossa casa era um laboratório vivo, com pupas e depósitos de ovos em vários cantos, a salvo do meu pouquíssimo usado aspirador de pó.) Como acontecia sempre que alguém batia na porta, Tess ficou histérica, tirando-me totalmente da minha concentração. Ela costumava latir tão alto que não conseguíamos ouvir a batida que ocasionara todo o barulho. Mas neste caso eu sabia pelo tom de seus latidos que alguma coisa verdadeiramente assustadora estava tentando entrar na casa: *crianças*.

Tess não confiava em crianças. Talvez a lembrassem de ovelhas desobedientes. Quando abri a porta, ela mordeu o ar diante da cara das meninas. O border collie faz isso não por ter tentado e ter errado, mas sim por causa do barulho que produz. Esse som ajuda a pastorear as ovelhas, como um estalar da língua para comandar um cavalo. Infelizmente, muitas pessoas não sabem disso – as crianças começam a chorar e os pais gritam assustados.

Mas não foi isso o que aconteceu.

Em resposta à reação de Tess, a pequena Jane fincou corajosamente o pé no chão; Kate se ajoelhou para fazer carinho em Tess.

– Oi, Tess! Você se lembra de nós? (Era bem provável que Tess se lembrasse delas, mas também se lembrava de Mary Pat e de John, e mesmo assim latia sem parar todas as vezes que nossos inquilinos entravam ou saíam da casa, o que acontecia várias vezes por dia.) Por cima do barulho, Lilla tentou se desculpar pela interrupção, e explicou que só tinham vindo perguntar se podiam dar comida para Chris.

– Tess! – eu gritei, pegando minha jaqueta de *nylon*. – Pegue o seu frisbee, Tess! – O tom do latido de Tess mudou de histérico para vitorioso. Graças aos seus latidos, agora poderíamos jogar frisbee. Capaz de latir mesmo com o brinquedo na boca, Tess desceu os degraus cobertos de gelo ao nosso lado, e depois pulando no ar para pegar o disco que íamos atirando para ela enquanto atravessávamos o caminho cheio de neve até o celeiro.

Christopher ouviu nossos passos e começou a chamar: – Unhunhn? Nhhhhhhhh? Nhhhhhh?

– Olá, Porquinho! – eu respondi. – Temos visitas!

Demos a volta para entrar no celeiro.

– Ele está cada vez maior!

– Veja só as orelhas!

– Ele é tão peludo!

– Posso dar comida para ele?

– Por favor, posso?

As meninas foram fisgadas.

Depois da escola, logo que desciam do ônibus, as irmãs iam direto até o chiqueiro e colocavam na boca do porquinho os sanduíches que não haviam comido.

– Eu nem sei por que faço o lanche para elas – Lilla comentou com Howard. – Seria melhor colocar direto no pote dos restos.

As meninas tiveram a idéia de alimentar Christopher com uma colher grande. Um dia elas decidiram que o sorvete esquecido no freezer estava impróprio para o consumo humano. Christopher deixou-nos todos espantados quando se ergueu depressa com as quatro patas e depois se apoiou nas patas traseiras para receber o prêmio. Então, apoiando as patas dianteiras no portão, ele colocou sua imensa cabeça na altura da cabeça de Kate – ficando mais alto que Jane. Abrindo a boca cavernosa, ele esperou.

O interessante foi que ele pareceu entender a função da colher. Delicadamente, ele permitia que as meninas tirassem a colher de sua boca, mesmo que ainda houvesse um restinho na superfície: ele tinha certeza de que viria mais. Demonstrando o que se poderia entender por paciência de porco, ele esperava, com as patas jogadas casualmente sobre o portão, por outra colherada, enquanto a baba escorria pelo papo.

Isso era o que eu chamaria de bons tempos.

Lá fora, também havia galinhas querendo atenção, ovos para serem recolhidos, frisbees a atirar. Em pouco tempo as meninas começaram a passar algum tempo conosco dentro de casa também. Durante a semana, sua mãe viajava diariamente para Massachusetts para fazer seu mestrado em terapia expressiva na Leslie College. Quando Kate e Jane chegavam da escola, sua casa estava fria e vazia – e um dia também ficou *assombrada*. As meninas apareceram em casa gritando. O aparelho de som, elas disseram, assim, sem mais nem menos, começou a tocar – e *Janis Joplin estava cantando. Alto, muito alto.* É claro, a casa de duzentos anos estava assombrada por uma cantora problemática dos anos sessenta.

A essa altura, as meninas já sabiam que estariam seguras conosco. Depois de brincarmos com Christopher, com Tess e as galinhas, cheias de ovos nos bolsos, passamos muitas tardes em nossa pequena cozinha preparando *cookies* de chocolate, cozinhando-os no forno a gás dos anos trinta que aquecia a casa inteira. (Nós quase sempre queimávamos pelo menos alguns para Chris.) Enquanto eu abria a massa para fazer uma torta, as meninas tomavam leite com os *cookies* e conversavam, sentadas à mesinha instável em que eu e Howard fazíamos nossas refeições.

No começo, conversávamos principalmente a respeito de Christopher. Quantos tipos diferentes de grunhido ele era capaz de produzir, e qual era o significado deles. Elas identificaram o grunhido "Aproxime-se!", o "Dê logo essa comida!", o "Deixe-me em paz!", o "Mais carinho!", e muitos outros, incluindo o grunhido especial de Christopher para Howard: um grunhido sério, profundo, de "homem-para-homem". (Isso tudo sem falar dos outros sons que ele produzia.) E que alimentos Christopher ainda não havia experimentado? Do que ele poderia gostar? Como ele era quando bebê?

Eu mostrei a elas as fotos de quando ele era bebê. Elas mal puderam acreditar que ele tivesse sido tão pequeno.

Conversamos sobre outras espécies de porcos. Eu mostrei a elas algumas fotos do babirusa e do red river hog. Elas disseram que eles eram lindos. Juntas, admiramos os porcos barbados da Indonésia, os lindos pecaris da América do Sul. Às vezes falávamos de outros animais de todo o mundo – orcas e lobos, elefantes e macacos. Escolhíamos uma categoria – a família das doninhas, por exemplo –, e cada uma dizia qual era seu animal preferido. Os carcajus eram bem bacanas. Mas os furões também eram. E havia outros excelentes. Olhávamos fotos dos animais e líamos em voz alta os volumes do *Walker's Mammals* (uma bíblia sobre mamíferos) e da série de livros da Torstar, *All the World's Animals*, enquanto nossa calopsita beliscava as páginas ou ia de uma cabeça para a outra.

Atraído pelo cheiro dos *cookies*, Howard acabava saindo do escritório no andar de cima. Ele estava trabalhando em um livro sobre Harry Atwood, aviador de New Hampshire, famoso por ter pousado no gramado da Casa Branca em 1911. (O presidente Taft saiu para dar a Harry uma medalha, mas estava gordo demais para aceitar o convite para voar.) Howard sempre vinha comer *cookies* conosco e depois ia até a casa delas acender o fogo no fogareiro a lenha para que a casa não estivesse tão fria quando Lilla chegasse.

Dizíamos que a casa delas era a Casa de Bonecas. Era pequena, adorável, com uma cerca de madeira na frente, onde as rosas floresciam no verão, e os quartos estavam sempre com cheiro de banho de espuma. Com três Lillas na casa – as meninas eram miniaturas perfeitas de sua mãe, bonita e esguia –, o universo da casa ao lado da nossa era muito feminino, exalando o aroma de xampus e cremes, repleto de luvas e cachecóis e fivelas de cabelo, e colorido pelos trabalhos escolares grudados na porta da geladeira e cristais pendurados nas janelas. Às vezes nos reuníamos a elas em sua casa e comíamos pizza. Jane ficava dançando diante do fogareiro a lenha até sentir a calça bem quente, e depois comia um cubo de gelo para se refrescar. Kate ficava subindo e descendo as escadas, para nos mostrar seus desenhos, poesias e bichinhos de pelúcia.

Certa vez, decidimos sair juntos para um passeio em um domingo. Kate e Jane vinham querendo visitar George e Mary desde que tinham visto as fotos de Christopher quando ele era bebê. E com a neve do inverno derretendo, certamente encontraríamos porquinhos.

Foi um passeio muito alegre, com Kate e Jane conversando e fazendo brincadeiras durante todo o tempo no banco de trás.

Quando chegamos, fomos direto para o celeiro. Os porquinhos estavam todos com suas mães imensas – não havia baias para os mais fraquinhos, como quando Christopher nasceu. As meninas se inclinaram sobre os portões das baias até ficarem penduradas como se fossem ginastas, com as pernas para o alto e a cabeça para baixo, tentando acariciar os bebês. Kate estava desesperada para segurar um porquinho no colo. Normalmente, Howard e eu iríamos entrando, mas a possibilidade, mesmo que remota, de que uma das garotas pudesse ser atacada por uma das porcas de George, nos assustou. Em vez disso, convencemos as meninas a brincarem no quintal, onde encontraram coelhos e galinhas que podiam segurar sem perigo. Quando elas pegavam os bichinhos, eles ficavam calmos em seu colo.

Mas Kate estava decepcionada. Ela realmente queria segurar um porquinho.

Quando estávamos saindo, George apareceu do nada. Ele mais parecia a caricatura de um homem correndo para apagar um incêndio, carregando um balde em uma das mãos cheias de calos. Um de seus cavalos estava solto, ele gritou enquanto corria. Já deveria estar perto da cidade de Keene a esta altura.

– George, depois nós conversamos... é melhor você ir! – nós dissemos a ele.

Mas Kate, que George nunca tinha visto, falou com a voz chorosa:

– Nós queríamos tanto segurar um porquinho...

George parou e colocou o balde no chão. Ele abriu o portão de uma das baias, pegou dois porquinhos cor-de-rosa, e deu um para Kate e outro para Jane. Depois saiu correndo e reapareceu com meio garrafão de calda de bordo. Finalmente, colocou os porquinhos de volta na baia, pegou de novo o balde e saiu atrás do cavalo solto.

A NOSSA VISITA A GEORGE E MARY MARCOU O FIM DE UM DOS INVERNOS mais rigorosos de New Hampshire. Em nossa casa, enquanto Christopher dormia confortavelmente em sua cama de feno, e as galinhas dormiam empoleiradas em seus ninhos, as janelas do andar de cima ficavam cobertas de gelo, de forma que só conseguíamos enxergar através de uma portinhola. Tess, Howard e eu nos enrolávamos juntinhos em nossa cama. Às vezes, o vento soprava com tanta força durante a noite que as paredes pareciam estar suspirando. Mas na casa ao lado a situação era muito pior. À noite, Kate e Jane podiam ver sua respiração no ar de seus quartos sem isolamento térmico. Houve uma noite em que a neve foi caindo sobre a cama de Jane por causa de uma clarabóia quebrada. Para tentar se aquecer antes de irem para a cama, as meninas tomavam um banho quente e depois se enfiavam embaixo dos cobertores. Pela manhã, as toalhas de banho úmidas estavam duras, congeladas.

Para as garotas, o inverno tinha sido difícil por vários outros motivos. A quarta série tinha sido a primeira de Kate em uma escola pública – como eu, ela havia estudado em uma escola particular, e teve dificuldade para fazer a transição para a escola pública. A adaptação era difícil. Seus trabalhos de escola eram frustrantes, especialmente porque Kate tinha dislexia. E toda a família teve problemas com o pai das meninas.

Mas elas descobriram como enfrentar a situação. Eu não sabia na época, mas as Lillas faziam exatamente o que eu fazia quando precisava chorar: iam até o chiqueiro de Christopher. Nessas ocasiões, ele não pedia comida. Ele grunhia gentilmente enquanto lhe confiávamos nossos problemas pessoais e coçávamos suas orelhas. Diante de sua presença maciça, nossos sofrimentos de alguma forma pareciam menores.

A velha casa revelou-se tão fria quanto todos nós temíamos que fosse. Mas, por causa de Chris, a solidão era menor.

As galinhas foram as primeiras a notar a mudança. Em algum momento naquele inverno, Howard e eu percebemos que elas tinham começado a pular o pequeno muro de pedra que separava o nosso do quintal ao lado. No que dizia respeito às Senhoras, tanto elas, quanto Christopher, Tess, Howard, eu, Lilla e as duas meninas tínhamos nos tornado uma só unidade.

– O.K! – EU DIZIA QUANDO TODO MUNDO ESTAVA PRONTO. NESSA ETAPA DA corrida, Christopher já estava explodindo de ansiedade, balançando o portão violentamente com seu nariz.

Eu empurrava o trinco, abria a porta e gritava:

– *Vai!*

Christopher disparava para fora do chiqueiro. As galinhas que estivessem no caminho gritavam como se estivessem resmungando e voavam em todas as direções. Eu saía correndo como uma louca, tentando chegar ao Platô antes de Chris com a cesta de restos de comida. As meninas cobriam a retaguarda e corriam com o máximo de velocidade que suas pernas conseguiam.

Christopher era jovem e forte – uma bala em forma de porco. Acho que ele percebia sua força e juventude, ainda mais quando era o centro de nossas atenções. Ele adorava dar um espetáculo. Ver um animal de mais de 130 quilos correndo feito uma besta "era bem assustador", Jane admitiu na fase adulta, "e por isso tão emocionante". Tudo isso era parte de um jogo. Mesmo correndo, nós percebíamos que Chris olhava para cada uma de nós, como se quisesse ter certeza de que cada uma cumpriria sua parte.

Três pares de botas, 16 pés de galinha e quatro patas enormes corriam ao mesmo tempo para a linha de chegada no Platô para conseguir ganhar uma recompensa. Havia prêmios para todo mundo. Chris recebia os seus queridos restos de comida e, enquanto ele comungava com seu Poder Supremo, Tess saía da sua posição de alerta pra brincar com o frisbee. As galinhas também participavam do banquete. Elas ficavam em volta de Chris para pegar algumas sobras, depois corriam para longe, carregando nos bicos pedaços de cenoura ou de macarrão.

E, então, se o dia estivesse ensolarado e o tempo estivesse bom, vinha a melhor parte de toda essa operação. Quando Chris finalmente se sentia saciado, e Tess já estava com a língua de fora de tanto correr para pegar e trazer o frisbee de volta, quando as galinhas já tinham roubado o bastante das sobras e estavam com a atenção voltada para os insetos da grama alta do quintal, ocorria o principal evento dos nossos dias de verão.

Tratava-se de uma atividade aperfeiçoada por Kate e Jane, que acabou se transformando em evento oficial do verão em Hancock e acabou atraindo as crianças para o Platô do Porquinho durante muitos anos. Nós batizamos essa atividade de Salão de Beleza do Porco.

NENHUM DE NÓS CONSEGUE LEMBRAR EXATAMENTE O MOMENTO EM QUE A imaginação das meninas teve esse estalo que transformou um simples carinho na barriga em um Salão de Beleza. Mas temos quase certeza de que a inspiração foi o rabo de Chris.

Como todas as partes do nosso porquinho, seu rabo era extraordinário. Nunca chegou a ser perfeitamente enrolado como víamos nas fotos dos livros, mas a traseira de Christopher Hogwood certamente abanava com distinção: o pêlo branco áspero do seu rabo tinha quase trinta centímetros de comprimento e caía do corpo formando um círculo denso, bastante atraente.

Pelo menos tinha se mostrado atraente no outono anterior. O inverno costuma maltratar o rabo de um porco, pois há dias em que simplesmente não se pode limpar o chiqueiro. Não dava para puxar um carrinho pelo meio da neve alta até onde juntávamos o esterco. Mas pelo menos, estava tudo congelado. Quando a temperatura começou a subir, era inevitável que seu longo rabo passasse raspando pelos restos de comida amolecidos e pelo esterco derretido. Na primavera, o magnífico rabo de Christopher Hogwood estava horrível, todo coberto de detritos.

Para as duas garotas, o rabo arruinado do porco estava pedindo um tratamento de beleza.

A maioria dos animais iria preferir que os seres humanos deixassem o seu rabo em paz. Tess era um deles. Ela detestava que penteassem seu rabo e sentava em cima dele sempre que me via com sua escova vermelha. Na época em que andava de pônei ao lado do meu pai, eu também tinha aprendido a não me meter com a traseira de um cavalo, pois tinha medo de levar um coice. Mesmo um leve toque na cauda de uma serpente normalmente faz com que o animal se vire e mostre desconfiança antes de deslizar para longe.

Como reagiria nosso porco de 130 quilos ao sentir as duas meninas penteando as franjas de seu rabo?

Christopher adorou.

Elas trouxeram da Casa de Boneca o equipamento perfeito para desembaraçar: uma escova lilás com cerdas de plástico e bolinhas brancas nas pontas e um pente azul-escuro com dentes bem espaçados. Christopher gostou especialmente quando passaram a escovar também as laterais de seu traseiro. Ele costumava colocar a perna mais para a frente para mostrar exatamente o lugar que precisava de atenção.

De vez em quando o pente ficava preso. Christopher sacudia o rabo contrariado. Se a pessoa insistisse, e ele não estivesse gostando, ele levantava sua imensa cabeça do chão e rosnava. Mas o desconforto era logo esquecido se a pessoa fizesse um carinho na barriga ou tocasse sua orelha para tranqüilizá-lo.
– Porquinho bonzinho... Bonzinho, bonzinho. – Ele fechava os olhos e erguia o corpo todo com grunhidos de contentamento.

Pentear o rabo era apenas o começo. As garotas decretaram que também deviam fazer uma trança. E quando o tempo ficou suficientemente quente, Christopher precisaria tomar um banho. Nós rapidamente aprendemos que a temperatura era crucial para o sucesso desse empreendimento. Embora pudéssemos muito bem ter realizado o trabalho com facilidade usando a mangueira do jardim, descobrimos que isso não seria possível: a água vinha do nosso poço e era muito fria. Chris começou a pular e a guinchar como se estivéssemos tentando matá-lo. Por isso, tivemos que trazer da cozinha baldes cheios d'água morna com sabão para lavá-lo, e depois mais baldes de água morna para enxaguá-lo. Tivemos que fazer isso tudo com ele deitado, por isso o efeito estético do banho ficou um pouco comprometido: um dos lados estava limpinho enquanto o outro estava todo encharcado e coberto de sabão. E é claro que depois tivemos que fazer com que ficasse de pé e, então, convencê-lo a deitar de novo do outro lado; enquanto lavávamos esse lado, o outro que tinha ficado limpinho é que voltava a ficar encharcado.

Não demorou muito para que ao pente e à escova fossem acrescentados outros produtos de beleza. Na loja de produtos para animais, eu comprei um pote de *The Hoofmaker*, um creme perfumado, mistura de manteiga de coco com mais alguma coisa que garantia cascos brilhantes e saudáveis para cavalos de exibição. Nós esfregamos os cascos de Christopher com esse creme até que eles brilhassem. Compramos três tipos de escovas com cerdas diferentes, adequadas à sensibilidade variada da pele de Chris. (Suas costas e seu traseiro toleravam uma escovação vigorosa, mas na região mais próxima da cabeça ele só aceitava cerdas mais macias.)

A pele do porco é tão parecida com a pele dos seres humanos que às vezes é usada como enxerto temporário em vítimas de queimaduras extensas. (A pele do porco fica durante alguns dias ou até semanas com a pessoa enquanto sua própria pele vai se recuperando, até que o enxerto seja rejeitado.) Por isso não era de estranhar que Christopher fosse vulnerável aos mesmos problemas que nós: queimaduras de sol, dermatite, eczema. Felizmente, a pele do porco responde muito bem aos produtos para cuidados com a pele dos humanos. Você só precisa comprar tudo em grandes quantidades. Houve uma ocasião na vida de Christopher em que Howard pediu um galão de óleo de fígado de bacalhau (onde é que você encontra um *galão* de óleo de fígado de bacalhau?) para manter sua pele macia. Ele bebeu um pouco – e *gostou* – mas descobrimos que funcionava melhor se fosse aplicado diretamente sobre a pele. E muitos anos depois, quando Christopher estava tão velho que já exibia o que chamamos de calvície suína típica, nosso veterinário prescreveu banhos de verão com um sabão anti-séptico especial. Nós fizemos esse tratamento acompanhado de massagens com um creme para pele com vitamina E e aloe-vera.

Para algumas pessoas, esse tratamento de beleza pode parecer exagerado para um porco. Mas a verdade é que, enquanto Christopher Hogwood se deliciava com a escovação, com os banhos, com os cuidados dedicados ao seu rabo e com o carinho em sua barriga, tudo isso fazia um grande bem aos seres humanos que o tocavam.

A NOTÍCIA SE ESPALHOU. KATE E JANE COMEÇARAM A TRAZER OS AMIGOS para o Salão de Beleza do Porco. Eu convidei os professores da escola em que às vezes dava meus cursos a trazerem seus filhos. Membros da igreja vinham com seus netos. Os Amidon trouxeram seus netos do Iowa – um lugar onde não faltavam porcos. Mas eles nunca tinham visto um porco como aquele. Todos os pequenos visitantes ficavam encantados.

Fora Kate e Jane, a criança que mais gostava dele era Kelly Felgar.

Amy, a mãe de Kelly, ouviu falar de Chris na agência do correio, lugar onde normalmente se podia conversar sobre assuntos interessantes e variados com os vizinhos.

– Começamos a falar de melões – Amy me contou –, e, então, Pat Soucy disse que guardava os restos dos melões para Chris. Kelly iria *amar* conhecer Chris! Ela adora porcos!

Eu conhecia a família Felgar da igreja, mas jamais imaginei que sua linda menina de 12 anos, com olhos azuis radiantes, gostasse tanto de porcos. Tudo o que eu sabia a respeito de Kelly é que ela tinha câncer.

Os Felgar tinham vindo de Athens, na Georgia, quando o pai de Kelly foi nomeado diretor do hospital local. Naquela época, Kelly estava com oito anos e quando viu pela primeira vez a pequena escola do curso fundamental na Main Street, ela disse:

– Isso não é uma escola, é uma casa!

Mas quaisquer apreensões em relação ao fato de estar se mudando para uma comunidade rural e pequena desapareceram assim que visitou a Friendly Farm, modesta atração da região cujo lema era "Veja, Alimente e Afague". Ela se apaixonou por uma mamãe porca que estava deitada de lado, amamentando uma fileira de porquinhos. Ela adorou os bebês, e adorou o fato de estarem mamando. E a cena lembrou-a do verão que ela e seu irmão mais velho, Adam, passaram brincando com Miss Piggy, uma porca malhada de preto e branco, medindo menos de um metro, que vivia na fazenda de sua avó.

Logo depois disso, Kelly começou a fazer sua coleção com o tema do porco. A imagem de um porquinho entalhada em marfim. Um quebra-cabeça da figura de um porco entalhado em madeira. Porquinhos de metal e de plástico. Porquinhos dormindo e mamando. Uma porquinha bailarina dançando na ponta dos pés presa a um tutu cor-de-rosa. Ela dormia com um porquinho peludo marrom, que tinha um nariz mole que fazia barulho.

A coleção de porquinhos era apenas um dos hobbies de Kelly; ela também cantava no coro da igreja, ganhou medalhas em competições de patinação e adorava dançar. Mas depois do diagnóstico, da cirurgia no cérebro e da radioterapia que precisou fazer em seguida, às vezes ela não se sentia muito bem para fazer essas coisas. Ficar acariciando os porquinhos em seu quarto era uma atividade prazerosa e segura. Certo dia, quando estávamos na biblioteca da cidade, nós vimos sua coleção exposta na vitrine de vidro do hall, reservada para a exibição dos tesouros dos moradores obedecendo a um sistema de rodízio.

Mas naquela tarde ensolarada de primavera, quando Kelly e sua mãe apareceram pela primeira vez em nossa casa, ela se sentiu a criança mais feliz do mundo. Kelly era tão otimista que estava sempre dizendo para sua mãe que era melhor ter câncer do que fibrose cística ou diabetes ou a doença de Crohn – ela tinha conhecido crianças com essas doenças e sentira muita pena delas, e achava que a sua doença não era "assim tão ruim". Naquele dia ela se sentiu especialmente abençoada – pois iria conhecer um porco famoso.

Eu já havia colocado Chris lá fora, preso pela corrente, quando Kelly e Amy bateram na porta. Ao lado de Tess e seu frisbee a reboque, nós nos aproximamos do Platô. Kelly não podia acreditar em seus olhos.

– Ele é o maior porco que eu já vi!

– Quer fazer carinho nele? – Mas eu nem precisava ter perguntado.

Durante os dois anos seguintes, Kelly e sua mãe foram visitantes esporádicas, mas entusiasmadas. Seus pais mandaram ampliar uma foto de Chris e fizeram um pôster, que Kelly colocou na parede de seu quarto. Ela dizia para as pessoas que aquele era seu "amigo Christopher, que vive perto da estrada".

Kelly gostava de contar aos amigos sobre o tempo que passava com ele. Contava como ele rolava para ficar deitado de costas a fim de permitir que ela acariciasse sua barriga. Contava como ele ficava apoiado apenas nas patas traseiras quando o visitava no celeiro, e nessa posição ficava mais alto do que ela. E, então, abria bem a boca para que ela pudesse atirar cascas de banana e maçã e doces. Contava qual era a sensação que sentia ao acariciar seu pêlo e como era amável e especial o grunhido com que ele a cumprimentava assim que chegava. Todos ficavam bastante impressionados.

Mas ao contrário de Kate e de Jane, Kelly nunca manifestou o desejo de trazer seus amigos para conhecê-lo. Sua mãe me contou o motivo: aquilo ficava apenas entre ela e Christopher.

Ela não misturava os momentos que passava com ele com as amizades humanas do seu dia-a-dia, e de alguma forma mantinha-o em um lugar especial. Kelly começou a usar um gorro de tricô porque seu cabelo estava caindo;

seu câncer se espalhou para a espinha e às vezes ela sentia dores horríveis. Mas quando vinha visitar Christopher Hogwood no Platô do Porquinho, o câncer era algo distante. Só havia espaço para o sorriso alegre e radiante de uma menininha e a felicidade de um grande porco imenso.

Voltamos a ver aquela coleção de porquinhos no verão seguinte, quando foi exibida por ocasião do funeral de Kelly.

– ENTÃO, O QUE VOCÊS ACHAM? – EU PERGUNTEI A KATE E A JANE NUMA tarde de verão no Salão de Beleza. Eu sempre consultava as meninas a respeito do que eu estava escrevendo e elas normalmente davam palpites excelentes. – Morcegos-vampiros ou tubarões?

Como sempre, eu estava escrevendo várias matérias ao mesmo tempo. Uma delas, para a revista *Animals*, tinha surgido por causa de uma pequena viagem que eu tinha acabado de fazer com Liz para a Costa Rica, na qual tive o privilégio de ser mordida por um morcego-vampiro enquanto removia o animal capturado de uma rede. Essa matéria falava de outras descobertas a respeito dessas criaturas altruístas, que dividem a refeição de sangue com companheiros famintos. A matéria sobre o tubarão era para a *International Wildlife*; tratava-se da história do filme *Tubarão* ao contrário: seres humanos ávidos pela sopa de barbatana de tubarão estavam levando à extinção muitas espécies de tubarão. A qual delas eu deveria me dedicar primeiro?

– Vampiros – elas falaram em uníssono.

– Uhn – Christopher falou, como se quisesse deixar registrada sua opinião. Ele colocou a pata traseira para a frente, pedindo carinho no traseiro.

Estávamos num desses dias dourados e perfeitos do fim de setembro, quando a luz do fim do verão se espalha pela face da Terra como o barulho dos grilos, e os campos brilham cobertos pelas varas-de-ouro. As galinhas faziam barulho ao nosso redor enquanto procuravam insetos; Tess nos vigiava de sua posição na beira da grama alta.

Derramamos mais um balde de água morna para enxaguar Chris.

– Acho que vou ser bióloga quando crescer – Jane falou.

– Verdade?

– Ou talvez uma artista – ela disse. – Ou talvez eu prefira viajar e escrever. – Ela fez uma pausa. – Como você.

– Quando *eu* crescer – Kate anunciou –, vou criar um santuário para animais. – Era óbvio que ela havia refletido sobre o assunto. – Todos os animais abandonados poderão vir para ficar comigo. Vai ser um lugar como este, como nós com Chris e Tess e todo mundo, mas também vamos ter elefantes. E lobos. E cavalos. E as crianças poderão aparecer para cuidar dos animais, crianças que fugiram ou que foram abandonadas ou que estiverem com problemas...

– Uhn-uhn-hn-hn-hn! – disse Chris. A água estava ficando um pouco fria.

Não pude deixar de pensar em Kelly, que teria 14 anos para sempre. Eu sentia uma enorme gratidão por tê-la conhecido, e por poder guardá-la para sempre na minha memória. E sentia uma enorme gratidão por aquelas meninas. Sentia-me grata por seu futuro, por todos os sonhos que elas teriam para escolher.

Como elas, eu também gostava de sonhar: a minha mente vagava por continentes e pelas páginas dos livros não escritos do amanhã.

Mas, naquele dia, eu não estava com pressa.

Capítulo 7

Natureza vermelha nas unhas e dentes

Howard estava no andar de cima pensando em Harry Atwood, sobrevoando o lago Erie com um hidroavião em 1913. Eu estava embaixo, deslizando minhas palavras sob as águas do Pacífico e acima das montanhas submersas com tubarões-martelo, sentindo o campo magnético da Terra que os guiava.

Mas nossos mundos de papel desapareceram instantaneamente devido a problemas com animais do mundo real. Desta vez, era o grito lancinante de uma galinha.

Nem todos os gritos exigiam a nossa atenção. Talvez alguma galinha tivesse roubado o inseto da outra; uma disputa poderia ter irrompido no espaço dos ninhos; uma galinha poderia ter ficado ofendida com uma bicada não merecida. Mas às vezes os gritos apontavam para outra fuga do porquinho. O galinheiro era sempre a primeira parada de Christopher quando ele resolvia escapar, para tentar roubar os grãos das galinhas – fato perfeitamente visível nas marcas de seus cascos na terra ou na neve.

Pensamos se Christopher teria escapado novamente. Poucas semanas antes,

Lilla e as meninas estavam se preparando para ir para a escola quando o viram solto no quintal atrás de sua casa, jogando alegremente para o alto os pedaços de grama que arrancava com seu nariz. Jane tentou enganá-lo e levá-lo de volta para o chiqueiro usando seu sanduíche feito com manteiga de amendoim e geléia, mas depois de comer o sanduíche, e também a maçã, ele disparou pela estrada 137. Sua captura envolveu o agente rodoviário da cidade, de forma que em poucos dias a cidade inteira ficou sabendo de mais uma fuga do nosso porco.

Nós não queríamos que isso se repetisse tão cedo.

Howard correu para olhar pela janela do banheiro do andar de cima, com a esperança de não ver um porco preto e branco atravessando a rua. Em vez disso, ele viu uma galinha correndo de maneira estranha pela estrada.

Howard ficou imaginando por que a galinha teria atravessado a estrada.

E então ele viu, correndo atrás dela, uma coisa comprida e cor de laranja. Uma raposa! No minuto seguinte, ela estava com nossa galinha em suas presas.

– Ei! Ei! – Howard gritou da janela. – Largue essa galinha!

A raposa largou.

Howard, Tess e eu saímos correndo. Seguimos uma via-láctea de penas soltas pela grama alta no quintal vizinho. No final, encontramos a galinha, imóvel, sem o rabo. Howard se abaixou para pegar o corpo. Ao ver sua sombra, ela se levantou e saiu correndo.

Mas onde estariam as outras? Teriam sido comidas? Estariam sangrando, assustadas, escondidas na grama? Só conseguimos encontrar quatro. Pedimos a Tess que nos ajudasse. Mas a nossa brilhante Tess, normalmente tão atenta aos nossos desejos, mostrou-se estranhamente incapaz nesse empreendimento. Ela saiu correndo e latindo, alegre com a inesperada saída ao ar livre. Chris provavelmente sabia o que havia acontecido, mas nada tinha a dizer.

Nós tínhamos ouvido falar da raposa em uma festa duas semanas antes. Uma raposa fêmea tinha cavado um esconderijo na terra fofa atrás da oficina da cidade, entre a nossa casa e a estrada 137. Quando surgiram os adoráveis filhotes, os rapazes da oficina – que adoravam caçar e mal podiam esperar para atirar nos veados durante o outono – começaram a alimentar a família de raposas. O resultado foi que as raposas ficaram tão à vontade que começaram a caçar sem medo pelos quintais em plena luz do dia.

Elas comeram uma das galinhas do nosso vizinho, e depois comeram os patos de outro vizinho. As meninas providenciaram os funerais de nossas galinhas. Eu sugeri que criássemos um Grupo de Apoio às Vítimas da Raposa em nossa rua. Durante aquela primavera, nós não deixamos as Senhoras saírem, a menos que estivéssemos por perto para protegê-las.

Então, em um dia em que Howard e eu estávamos trabalhando no quintal, com Chris preso em seu Platô e Tess perto de nós, a raposa atacou novamente. Nós a perseguimos e gritamos, mas dessa vez a bandida laranja não largou a ave. Ela desapareceu no mato e nunca mais vimos aquela galinha.

NÓS JÁ TÍNHAMOS PASSADO POR ISSO ANTES, E IRÍAMOS SABER ENFRENTAR essa situação novamente. Certa noite de primavera, alguém entrou no galinheiro, matou uma das galinhas e, como não conseguiu fazer passar a carcaça pelo buraco, nós a encontramos pela manhã. Na noite seguinte, eu montei uma armadilha com um pedaço de fígado de frango. Pela manhã, o culpado estava preso.

O gambá preso era calmo e majestoso, com uma serenidade baseada na confiança de que a secreção existente no saco que ficava embaixo de seu rabo seria suficiente para evacuar o Pentágono. Os gambás podem lançar um jato dessa secreção a uma distância de mais de seis metros e acertar o rosto de uma pessoa com precisão a pouco mais de um metro. Pelos mamilos que ficam em cada lado do ânus, eles podem lançar um jato diretamente no alvo ou lançar a substância no ar, para que depois caia em gotas. Felizmente, os gambás não são muito esquentados. Eu conheci um pesquisador em Nova York que tentou tirar o rato que um gambá estava comendo; ele rosnou, mas não lançou o jato. Outro pesquisador me contou como costumava pegar gambás selvagens *pelo rabo*.

Depois que contei tudo isso a Lilla, ela deixou que Jane esquecesse o ônibus e nos acompanhasse em nossa missão para soltar o gambá. (Kate, infelizmente, já tinha ido para a escola.) Com Howard ao volante, Jane e eu fomos conversando em voz baixa enquanto levávamos o gambá para o parque estadual. O prisioneiro esperou pacientemente que eu abrisse a porta da armadilha. Então, saiu calmamente, sacudiu a magnífica cauda, e caminhou com toda a dignidade na direção da floresta, lembrando uma mulher robusta saindo de uma limusine com seu casaco de pele. Jane virou a celebridade da escola por sua participação no episódio.

O gambá nunca mais voltou, mas outros predadores, sim. As galinhas foram atacadas duas vezes por cachorros dos vizinhos. Um falcão fez um mergulho e matou uma galinha instantaneamente. Em outra ocasião, foi uma marta*: descobrimos a identidade do predador por causa da mordida fatal no pescoço da galinha e pelas pegadas na neve. As pegadas levavam até o Moose Brook, onde a marta escorregou por baixo do gelo e nadou para longe.

Nós tínhamos pensado em várias maneiras de proteger nossas galinhas. Gretchen não deixava que suas galinhas ficassem soltas, mas fez para elas um cercado bastante espaçoso ao ar livre. Às vezes, porém, a cerca piorava as coisas. Numa primavera em que Gretchen estava criando frangos, ela notou a falta de alguns. Não havia buracos na cerca ou túneis escavados por baixo. Mas algumas penas grudadas no arame da cerca revelaram uma história horrível: um guaxinim tinha levado as aves, uma por uma, através da cerca de arame, literalmente destroçadas.

Concluímos que nossas galinhas ficariam mais seguras se continuassem soltas durante o dia, pois, caso fossem atacadas, sua própria esperteza permitiria que tivessem pelo menos uma chance de escapar. À noite, quando a maioria dos predadores costuma atacar, nós as fechávamos no galinheiro. Mas houve um verão em que duas galinhas preferiram passar a noite em cima de Christopher Hogwood, enquanto ele dormia em seu chiqueiro. Devem ter imaginado que poucos predadores ousariam incomodá-las ali. Ou talvez simplesmente apreciassem a sua companhia.

Algumas noites, quando ia trancar as Senhoras, eu permanecia ali algum tempo, deixando que aquela calma tomasse conta de mim. Howard certa vez me pegou conversando com elas.

— Vocês são minhas belezinhas — eu sussurrava para elas, enquanto se acomodavam nos poleiros. Eu gostava de passar a mão nelas e beijar sua crista. — Eu amo vocês, Senhoras.

---

* Animal que se parece com uma doninha, mas de corpo maior e mais pesado, focinho mais longo e pontudo e cauda mais peluda. (N. do E.)

Mas como tínhamos escolhido aquele lugar para viver – um lugar que amávamos porque ainda era parcialmente selvagem – aceitamos as condições: nada poderia garantir a segurança delas.

AS RELAÇÕES HUMANAS COM PREDADORES SEMPRE FORAM ESPINHOSAS. OS predadores são as primeiras criaturas que nossa espécie aniquila propositalmente. As pessoas costumam achar que os humanos têm ou deveriam ter o controle da situação; ficamos enfurecidos quando descobrimos que isso não é verdade. E quando outras criaturas compartilham nossos apetites ou matam os nossos animais (normalmente animais que estamos criando para depois matarmos), nós os chamamos de vândalos ou de assassinos. Aqui no sul da Nova Inglaterra temos histórias celebrando as guerras empreendidas contra lobos, leões da montanha, linces e ursos. O último lobo da nossa região, uma fêmea manca que havia se retirado para o monte Monadnock, foi perseguido durante meses por homens furiosos das cidades vizinhas. Ferido por arma de fogo e perseguido, o animal finalmente foi morto numa caçada no inverno de 1820. Acredita-se que os leões da montanha, que nunca foram numerosos, extinguiram-se em New Hampshire em 1850. Nossos ursos pretos haviam desaparecido no final do século XIX, embora ainda restassem uns poucos até 1957. Os linces também praticamente desapareceram, apesar de haver alguns até 1972. Somente nas últimas décadas, com a recuperação das nossas florestas depois de um século de devastação, de caça desenfreada e agricultura desordenada, os predadores estão voltando para New Hampshire.

A história é a mesma em todo o mundo. Os predadores são as criaturas mais perseguidas do planeta. Eu acreditava que deveria dedicar minha vida ao trabalho de escrever a respeito das relações entre as pessoas e os animais, por isso acho que foi correto honrar com meu primeiro livro as três cientistas que mudaram para sempre nosso entendimento dos primatas – parentes mais próximos da humanidade. Mas depois eu tive que examinar uma relação mais difícil, entre pessoas e predadores – os tigres, os maiores, mais belos e mais mortais de todos os predadores.

Planejei fazer minha pesquisa de campo na maior floresta de mangue do mundo, conhecida como Sundarbans, que se estende pela baía de Bengala, entre a Índia e Bangladesh. Nessa região está a maior concentração de tigres do planeta. Não há outro lugar igual a esse em todo o mundo. Ali, por razões que nenhum cientista consegue entender, os tigres estão sempre caçando as pessoas. Eles enfrentam as ondas do oceano a nado e perseguem os barcos como cachorros correndo atrás de um carro, sobem a bordo e comem a pessoa. Em Sundarbans, os tigres matam aproximadamente trezentas pessoas por ano. E mesmo assim, a população perseguida por esses predadores não quer exterminar os tigres. Pelo contrário, eles são venerados. Eu queria descobrir o motivo.

– TIGRES QUE COMEM GENTE – HOWARD FALOU QUANDO LHE CONTEI QUAL era a minha idéia para o novo livro. Ele não mostrou muito entusiasmo. – Isso é ótimo. Por que você não fica em casa e deixa seu porco comer você?

(Nós às vezes ficávamos imaginando se Chris poderia nos comer. Decidimos que, se tivesse uma oportunidade – se, por exemplo, um de nós de repente caísse morto em seu chiqueiro, e ele estivesse faminto –, isso talvez acontecesse. E não o culpávamos por isso. Depois ele sentiria nossa falta.)

A minha mãe também expressou preocupação. Em suas cartas semanais e em nossas conversas por telefone, ela sugeriu que, em vez de visitar "aqueles tigres malvados naquele país horrível e *sujo*", eu deveria "ir para casa", para a Virgínia – sem Howard, é claro – e escrever a respeito dos esquilos do quintal dos fundos. (Meu pai adorava os esquilos, e distribuía uva-passa e amendoim para eles. Minha mãe achava que eles eram ratos comestíveis. Tendo sido criada no Arkansas, ela costumava caçá-los e comê-los.) Eu dispensei suas preocupações por considerar que eram pura arrogância: uma filha comida por um tigre talvez fosse mais embaraçoso do que uma filha casada com um judeu.

Os temores de Howard, porém, eram bastante concretos. Mas a idéia de que ele pudesse estar preocupado que algo acontecesse *comigo* simplesmente não entrava na minha cabeça. Ele certamente devia saber que eu era indestrutível. Eu achava que Howard estava incomodado com a duração, e não com a natureza, da pesquisa de campo. Eu passei alguns meses fazendo a pesquisa para

Spell of the Tiger, e deixei meu marido com a tarefa de administrar, sozinho, as centenas de quilos de problemas malhados.

Exatamente nos dias em que eu saía para ir até Keene ou Boston, Tess, normalmente tão solícita e refinada, costumava rolar sobre a titica das galinhas, defecava no meu escritório ou vomitava na nossa cama. E se alguma coisa acontecesse com as galinhas ou com o agapornis enquanto eu estivesse fora? Mas é claro que a maior fonte de desastres potenciais, literalmente, era Christopher Hogwood.

Nosso porco estava crescendo de maneira impressionante, e não era só no volume. Quando fez dois anos, seus dentes ficaram evidentes. Aos três, eram proeminentes. Os dentes inferiores eram pequenos e afiados, e saíam pelas laterais da boca. Os dentes superiores se dobravam para cima do lábio, como os de um javali-africano. Para mim, isso lhe dava um ar ainda mais alegre, mas os pais das crianças pequenas que apareciam para nos visitar nem sempre tinham essa impressão.

As Lillas e eu admirávamos os dentes cada vez maiores de Christopher. Nos dias de Salão de Beleza, tínhamos vontade de escová-los. Mas resolvemos não fazer isso. Pensando bem, acho que foi uma sábia decisão.

ESTÁVAMOS NO PRIMEIRO SÁBADO DE MAIO, QUENTE E ENSOLARADO. O porco estava em seu Platô, escarafunchando a terra úmida e macia, espantando os primeiros mosquitos da primavera com sua maravilhosa cauda. Howard tinha saído para uma viagem; eu tinha limpado a casa e terminado as compras de mercearia, e estava esperando a visita da nossa amiga Beth. Era o tipo de dia em que você acha que nada pode dar errado.

Conhecíamos Beth há alguns anos, mas Tess a conhecia há mais tempo. Beth trabalhava como voluntária no abrigo de Evelyn. Ela adorava animais, e tinha um canto especial no coração para os cães grandes e velhos. Durante os últimos quinze anos, Beth tinha adotado nada menos do que oito imensos cães terras-novas, muitos deles velhinhos. Esses cachorros enormes, do tamanho de um cão São Bernardo, pareciam não ter nada a ver com Beth, uma loura platinada com a maquilagem sempre perfeita. Ela tinha 46 anos, mas aparentava 26.

Quando saía do serviço, Beth ia praticamente todos os dias ajudar Evelyn: levava para passear, limpava e dava remédio para as dezenas de animais abandonados, machucados e resgatados – um cão de montanha dos Pireneus com três pernas, um daschshund com fratura nas costas, um gato ferido numa armadilha, um ganso branco manco, um pequinês cego. Na casa de madeira de Evelyn havia um espaço só para filhotes no corredor do banheiro, e outro só para gatos no andar de baixo. Os cavalos ficavam espalhados pela terra do outro lado da rua.

Beth se lembrava claramente do dia terrível em que Tess havia se machucado, e dos muitos meses de sua recuperação. "Tess, a Cadela-Maravilha", era assim que Beth a chamava. Ela ficou muito feliz quando soube que um casal da cidade havia adotado Tess; acontece que Beth vivia a menos de um quilômetro da nossa casa. Quando finalmente nos conhecemos, ela disse:

– Você tem tudo a ver com Tess! – Ficamos amigas na hora.

Com seu jeito para animais grandes, Beth naturalmente adorou Christopher – ela dizia que ele era o "Terra-Nova do Reino dos Porcos" – e quando vinha nos visitar, sempre trazia alguma coisa para agradá-lo: melões machucados, alface murcha, pão vencido que a loja iria jogar fora. E foi o que aconteceu naquele dia. Tínhamos acabado de lhe dar os seus presentes e nos afastamos para vê-lo comer.

Mas Beth resolveu se aproximar de Chris para lhe fazer um carinho na cabeça, como se ele fosse realmente um terra-nova. Ele deve ter pensado que ela queria pegar a comida de volta, pois a empurrou com a lateral da cabeça. Não foi nada agressivo. Ele não grunhiu ou rosnou. Ele nem olhou feio para ela. Beth não falou nada, mas percebi uma mancha vermelha na sua coxa esquerda, logo abaixo da barra do short – o corte foi tão profundo que dava pra ver a camada amarela de gordura subcutânea que fica acima do músculo.

Chris tinha acertado Beth com a ponta de um dos dentes de baixo. O dente era tão afiado que ela não sentiu cortar. Nenhum dos dois entendeu o que tinha acontecido.

Mas a ferida começou a sangrar.

– Beth – eu disse, tentando parecer muito, muito calma. – Acho que Chris acabou de fazer um corte em você com o dente.

Ela olhou para a perna. Devido à localização do ferimento, ela não conseguia ver direito.

– Ah, tudo bem – ela disse. Ela estava acostumada com os terras-novas de mais de cem quilos pulando em cima dela e às vezes provocando arranhões com sua patas. – Você acha que preciso colocar um band-aid?

Era óbvio que precisávamos de alguma coisa maior do que um band-aid.

– Acho que o corte parece um pouco profundo – eu disse naturalmente. – Para falar a verdade, talvez seja melhor irmos até o hospital, só para dar uma espiada.

Aí Beth ficou preocupada.

– Eu não quero tomar injeção – ela disse. – Eu odeio injeções! E também não quero pontos. Prometa que não vai deixar ninguém me dar pontos.

O médico do pronto-socorro deu uma espiada na ferida, pegou uma agulha enorme, aplicou em Beth uma injeção que doeu muito mais do que o corte, e lhe deu quatro pontos. No pequeno espaço do formulário de atendimento médico reservado para a descrição do acontecimento que levou ao atendimento de emergência, o médico escreveu "colisão com um porco".

APESAR DE EU TER FICADO CHOCADA COM O ACIDENTE, BETH NÃO FICOU zangada. No dia seguinte, apesar de ter faltado ao trabalho, ela fez questão de vir até nossa casa para ver Chris de novo. Como sempre, Chris e Beth ficaram encantados com o reencontro. Nada havia mudado entre eles.

No dia seguinte, quando finalmente voltou ao trabalho, voltou a usar short, deixando à mostra o grande curativo. Naquele dia, a fila no seu caixa não foi só a maior, mas também a mais demorada. Todo mundo queria ouvir a história.

– Christopher não me atacou – ela explicou a cada um dos clientes. – Foi um acidente. Seus dentes saíram. Ele não podia evitar.

Para piorar as coisas, a ferida de Beth infeccionou. Ela precisou voltar várias vezes ao hospital. Os formulários médicos refletiram o aumento na preocupação. Na segunda visita, o espaço reservado ao "acontecimento" não dizia "colisão com um porco", mudou para "mordida de porco". Em sua última visita, o acontecimento havia se transformado em "ferida por um porco".

Estava claro que precisávamos fazer alguma coisa em relação aos dentes de Christopher, e rápido.

Chris não tinha a intenção de machucar ninguém. Ele era uma criatura amável. Sua paciência com as crianças era famosa, especialmente com as mais tímidas – seus grunhidos eram mais suaves e seus movimentos mais lentos, algo que os pais mais sensíveis sempre percebiam com certo espanto. Chris também se dava bem com pessoas em cadeira de rodas, o que não acontece com todos os animais; os cachorros, por exemplo, às vezes perseguem e mordem cadeiras de rodas da mesma maneira que alguns perseguem bicicletas. Um porco grande como Chris poderia facilmente derrubar uma cadeira de rodas ou furar os pneus. E essa foi a nossa preocupação quando a filha de Liz, Stephanie, ativista pelos direitos das pessoas portadoras de deficiência, que andava em uma cadeira de rodas desde que sofrera um acidente na adolescência, veio visitar Chris pela primeira vez durante um feriado na companhia do marido, Bob. Ele também era ativista e andava numa cadeira de rodas. Na primeira vez em que vieram, eles ficaram olhando da van enquanto passávamos com Chris diante do pára-brisa como se ele fosse um porco selvagem de um parque temático. Mas depois (com Ramsay, o irmão de Stephanie, que era guia turístico, de prontidão, caso fosse necessária uma retirada rápida) todos nós nos reunimos *en plein air*. Chris cheirou os pneus das cadeiras de rodas com curiosidade, mas não tentou mordê-los. Ele se deu muito bem com Stephanie e Bob, e sabíamos que poderíamos esperar que fosse educado com outros visitantes de cadeiras de rodas.

Mesmo assim, sem perceber o perigo de suas próprias presas, o que aconteceria se Christopher corresse para cima de alguém em um de seus passeios pela cidade? E se machucasse uma criança?

Tanto os machos quanto as fêmeas de todas as cerca de vinte espécies de porcos selvagens têm presas e sabem como usá-las – normalmente com admirável parcimônia.

Mas a grande dificuldade para se prever o resultado da agressão suína está no fato de os porcos serem extremamente emotivos. Eles podem ser profundamente leais e intuitivos. Mas, como as pessoas, eles também têm tendências para o mau humor, medos irracionais e explosões de raiva. O behaviorista

Ivan Pavlov chegou a trabalhar com porcos, mas desistiu. "Todos os porcos são histéricos", ele concluiu.

Nós simplesmente não podíamos nos permitir ser responsáveis por um porco histérico de quase duzentos quilos que costumava perambular por Hancock com presas afiadas como lâminas. Pelo bem da comunidade, não tínhamos outra escolha senão serrar as presas.

Eu sabia que Chris não iria gostar, mas telefonei para Tom Dowling. Tom tinha um consultório veterinário em uma cidade vizinha e em seu mestrado tratara dos porcos. Nós tínhamos nos conhecido no ano anterior, por causa de um erro de matemática. Todos os anos dávamos vermífugo para Christopher. Naquele ano, eu tinha saído para comprar o remédio. Quando você compra a granel, a droga vem em pacotes para muitos porquinhos, e não para um porco grande. Eu calculei a dose errada. Algumas horas depois de ele ter tomado o remédio, Christopher começou a sentir o que parecia ser uma terrível dor de estômago. Eu o tinha envenenado.

Quem saberia tratar de porcos na região? O veterinário que tratava dos porcos de George e Mary ficava muito longe. Tínhamos um veterinário maravilhoso que cuidava de Tess, mas naquela época eu não sabia que ele também tratava de animais maiores. Seguindo a recomendação de um amigo que tinha cavalos, entrei em contato com Tom. Ao ver o veterinário alto e magro entrando em seu chiqueiro, Chris lutou para ficar em pé, esforçando-se para cumprimentar o visitante. Tom foi esperto e prendeu o nariz de Chris com um laço e, para minha surpresa, a reação de Chris – reflexo conhecido entre os porcos – foi ficar parado como se estivesse congelado, gritando mas incapaz de se mover, o que permitiu a Tom injetar carvão ativado pela garganta de Christopher para neutralizar o excesso de vermífugo.

Apesar de não se mover, Chris conseguiu registrar dramaticamente o seu desprazer. O grito de um porco pode ser ensurdecedor, ameaça à saúde séria o bastante para merecer um artigo no *Journal of the American Veterinary Association* intitulado "Incidência da Perda da Audição em Veterinários que Tratam de Suínos". – Reeee! Reeee! Reeee-e-e-e! – Christopher gritava, enquanto lançava jatos espessos de carvão líquido pelo nariz e pela boca.

Quando acabou a erupção, Tom estava tão preto quanto um limpador de chaminés. Mas Christopher estava bem.

De forma que procurei por Tom novamente. Como Christopher tinha visto Tom apenas uma vez, mais de um ano atrás, eu esperava que ele não o reconhecesse. Mas, infelizmente, Christopher parecia ter memória excelente. Ele nunca esquecia qual era a localização exata do canteiro de alfaces dos Amidon, por exemplo, e era óbvio que se lembrava de muitas pessoas e que as reconhecia facilmente. (Depois eu descobri que testes de laboratório mostram que eles superam com facilidade os cães em labirintos, e os porcos conseguem reconhecer as pessoas não apenas pelo cheiro, mas também só pelo olhar. Os porcos também conseguem diferenciar as pessoas a distância, mesmo que estejam usando roupas idênticas.) Que Christopher se lembrava das pessoas ficava óbvio por seu modo de cumprimentar. Seus grunhidos eram suaves e em tom baixo com Kate e Jane, profundos e másculos com Howard; ele tinha um grunhido bastante diferenciado que usava apenas para o nosso amigo Ray Cote. Suas visitas eram bastante raras, mas cada vez que ele se aproximava do chiqueiro, Chris emitia um cumprimento profundo, longo e alto, que revelava certa consideração e que ele não oferecia a nenhuma outra pessoa. Por quê? Ray e Chris tinham muito em comum: os dois eram espertos, fortes e engraçados. Mas o que mais agradava Chris talvez fosse o fato de que Ray pesava aproximadamente 120 quilos. Chris talvez acreditasse que finalmente havia encontrado um dos seus.

Mas será que nosso porco iria se lembrar de Tom? Assim que o viu, Christopher começou a gritar histericamente – e não parou até que Tom terminasse de serrar (sem dor, ele prometeu) suas presas inferiores até que ficasse apenas um cepo inofensivo.

VOCÊ PODE PENSAR QUE EU ESTAVA TÃO PREOCUPADA COM AS GARRAS DOS tigres de Sundarbans quanto estava com as presas de Chris. Mas não. Para dizer a verdade, a possibilidade de ser devorada nunca esteve entre as minhas preocupações. As minhas preocupações em relação à viagem estavam todas ligadas a Hancock, ao fato de que poderia acontecer alguma coisa enquanto eu estivesse fora. Eu nunca teria admitido, mas o mais difícil de qualquer viagem era deixar minha casa.

Na minha cabeça, eu era vulnerável à saudade de casa, mas imune à morte. Eu não conseguia sequer compreender a preocupação que meu marido e minha mãe sentiam por mim. Eu tinha sorte demais para morrer, mas reconhecia que mesmo que isso acontecesse, se fosse comida seria uma boa maneira de ir embora. Além disso, se fosse atacada por um tigre experiente, talvez não doesse. Caçadores acostumados a emboscadas, os tigres quase sempre atacam por trás. Um tigre habilidoso enfia seus caninos entre as vértebras do pescoço da presa, quebrando a medula espinhal com a suavidade com que uma chave abre uma porta. Dizem que em Sundarbans, as pessoas atacadas por tigres morrem tão depressa que nem têm tempo de gritar.

Eu quase tive uma chance de descobrir. Em minha primeira expedição, meu barco ficou preso na lama em uma região onde os tigres costumavam se esconder. O barqueiro, Girindra Nath Mridha, me deu um facão e deu um machado para o meu fotógrafo. Durante os intermináveis minutos em que Girindra e seu filho ficaram tentando soltar o barco, nós ficamos em pé, de costas um para o outro, segurando essas armas para defender o grupo caso um deles resolvesse atacar.

Em outra ocasião, chegamos ainda mais perto. Descemos por um rio bastante largo e depois viramos em um pequeno canal. Com medo de ficar preso, Girindra virou o barco e aí vimos marcas de pegadas tão frescas que não poderiam ter sido feitas há mais do que dois minutos. Mas o tigre não poderia ter atravessado o pequeno canal a nado; não havia marcas do outro lado. Voltamos para o rio maior e, para nossa surpresa, descobrimos que o tigre tinha entrado na água a partir daquele ponto da floresta. O tigre tinha nadado atrás do nosso barco.

Apesar de tudo, Girindra, um homem forte e pequeno, com a mesma idade que eu, que tinha visto um tio ser morto por um tigre, nunca ficava zangado. Ele tinha medo do tigre, mas não o odiava. Como seus companheiros de aldeia, Girindra jamais machucaria um tigre, a menos que fosse em legítima defesa. Ninguém caçava tigres ilegalmente em Sundarbans. Procurar um tigre para matá-lo era algo impensável.

O que eles saberiam a respeito dos predadores, que a maioria das pessoas já esqueceu?

Para fazer a pesquisa para o livro, voltei várias vezes a Sundarbans. No começo, eu me hospedava na pequena pousada para turistas que ficava do outro lado do rio, diante da aldeia de Girindra. Mas depois, com um tradutor, fiquei com a família de Girindra – sua bela mulher, Namita, sua mãe, MaBisaka, e oito crianças – na casa de barro coberta de palha que eles tinham construído com as próprias mãos. Eles queriam muito colaborar com meu livro. Durante o dia, no barco de madeira de Girindra, percorríamos os bancos dos rios pantanosos em busca dos sinais dos tigres. À noite, os vizinhos – pescadores, produtores de mel, viúvas – se reuniam na casa, fumando bidis e mastigando noz de betel, e sob a lamparina de querosene eles me contavam histórias de tigres e crocodilos, deuses e fantasmas. Depois que eles saíam, eu ficava deitada no escuro, tentando não pensar nas orelhas de Christopher ou na risada de Howard, ou no jeito de Tess deitar de costas em nossa cama e expor sua barriga branca em sinal de total confiança. Minha casa parecia tão distante quanto um sonho do qual lembramos apenas a metade, e só de pensar nela eu sentia um nó na garganta.

Quando voltei para casa, foi a vez de Sundarbans parecer um sonho. Qual seria o sonho e qual seria a realidade? As cartas de Girindra me diziam que ambos eram reais. Trocamos cartas regularmente, até hoje; o professor da escola da aldeia traduz as minhas cartas para bengali e as de Girindra para o inglês. "*Amar chotto bon*", assim começavam suas cartas, "Minha irmãzinha". Logo depois da minha segunda viagem para Sundarbans, Girindra, que como todo hindu acredita em outras vidas, disse que tínhamos sido irmão e irmã em outra encarnação. Os oito filhos de Girindra me chamavam de *pishima*, linda palavra bengali que quer dizer tia paterna.

"Receba meu amor", Girindra escrevia. "Eu rezo para que você esteja bem com as bênçãos da deusa". Eu rezava ainda mais por ele e por sua família; afinal, eles viviam às margens de uma reserva habitada por quinhentos tigres, que comiam os seres humanos. "Muito obrigado por escrever longas cartas preciosas. Eu esperava por elas como um pássaro sedento e perguntava ao departamento de correios...", ele escrevia; eu também fazia isso. Pat sabia como eu esperava ansiosa pelas cartas de Girindra. Nós nos escrevíamos pelo menos uma vez a cada quinze dias, mas as cartas levavam um mês para chegar; às vezes até mais.

Cada carta que chegava, coberta com pelo menos 14 selos, era uma prova abençoada de que a família sobrevivera. Em sinal de agradecimento, eu respondia com cartas que contavam em detalhes como era a vida naquela nossa pequena cidade do outro lado do mundo. Eu mandei fotos: da nossa agência de correios e da igreja cobertas por mais de um metro de neve; uma foto do meu pai em seu uniforme de militar; Howard e eu usando casacos pesados e botas para neve. Também mandei fotos de Kate e de Jane, de Lilla, de Ed e de Pat. E é claro que sempre mandava fotos dos nossos bichos. ("O seu imenso porco Hogwood é maravilhoso", escreveu Girindra. "Não temos porcos assim em Sundarbans. Como é possível? Para nós parece um milagre.")

Mas, para mim, o milagre estava no mundo de Girindra, onde a morte nas garras de um predador era assunto tão familiar quanto uma conversa sobre as condições do tempo. "A chuva foi para longe", ele escreveu em uma carta, dizendo no parágrafo seguinte: "Um enorme crocodilo tem aterrorizado os pescadores. Em um mês e meio ele comeu cinco homens e uma mulher." Ainda assim, em Sundarbans, eles jamais reuniriam um grupo de caçadores para localizar um crocodilo ou um tigre, mesmo que ele estivesse comendo seres humanos, como fizeram os primeiros fazendeiros de New Hampshire, que perseguiram o último (e manco) lobo de Monadnock. Em meu livro, esse era o mistério crucial, mistério que me fez voltar várias vezes para Sundarbans.

Eu descobri a resposta com a história do deus tigre. Ela é contada em Sundarbans todos os anos no mês de janeiro com uma longa canção poética, que faz parte de um dia de louvor e perdão dedicado a Daskin Ray, imperador de Sundarbans. Ele é ao mesmo tempo um tigre e um deus. Os crocodilos e os tubarões são seus emissários. Daskin Ray sempre foi o senhor das riquezas de Sundarbans – os peixes, as árvores, as abelhas e seu mel – e graças unicamente à sua generosidade é que ele compartilha esses bens com o povo. Mas somente se o povo entender que a floresta pertence ao deus, e prestar tanto a ele quanto à terra o devido respeito. Até hoje, dizem eles, a deidade pode entrar no corpo de um tigre a qualquer momento e se o deus estiver zangado, ele irá atacar.

As histórias refletem um sofisticado entendimento do que é ecologia. O tigre protege a floresta: o medo do tigre impede que os matutos destruam os manguezais. Os manguezais protegem a costa: os troncos e folhas diminuem a força dos ventos dos ciclones. Suas raízes formam viveiros para os peixes, que alimentam as pessoas. As pessoas entendem que, sem o tigre, a integridade de Sundarbans estaria ameaçada.

O fato de um homem poder ser comido por um tigre não faz com que a vida tenha pouco valor. Não; em Sundarbans, a vida é valiosa e os deuses estão em todas as partes para que as pessoas possam vê-los. Por isso as pessoas consideram a missão do tigre na vida – seu dharma – algo sagrado. Elas vêem a deusa sagrada que vive em cada vaca. Elas se lembram de que, certa vez, o grande deus Vishnu veio para a Terra na forma de javali. E também vêem nas garras do tigre a perfeição inimputável do divino.

EM UM DE SEUS LIVROS, HOWARD ESCREVEU A RESPEITO DE UM CONCEITO conhecido como *tikkun*: trata-se de um termo cunhado por um místico cabalista e sua origem remonta a uma antiga história judaica a respeito do começo do mundo. A história diz que, logo após a criação do mundo, um pouco da luz do Senhor, a força criativa, derramou e se perdeu por acaso. Nossa tarefa, diz o místico, é tentar, por meio de nossas ações, juntar essa luz derramada – para restaurar a totalidade do mundo.

Mas o que seria essa totalidade? Como poderemos reconhecê-la e perceber quando estiver perdida?

Eu sei o que é totalidade para mim. São as suaves noites de verão, quando eu fecho a porta de Chris e das galinhas para que descansem. Quando Tess deita na nossa cama para nos mostrar sua barriga branca. Quando paro junto ao celeiro e ouço cacarejos suaves e grunhidos brandos tomarem conta de mim, dando-me uma sensação de paz.

A totalidade é gratidão. Gratidão por estarmos seguros, felizes e juntos. E por isso, preciso agradecer também às raposas e às doninhas, aos tigres e aos crocodilos. Pela paz do celeiro, sou grata aos perigos e às garras da floresta. Pela sensação de conexão que nos dá nosso lar, posso agradecer, em parte, ao exílio que as viagens representam. Embora pareçam ser opostos, são mais como gêmeos – duas metades de um todo.

Capítulo 8

Celebridade

O FOTÓGRAFO TINHA VINDO DE NOVA YORK DE CARRO. SUAS credenciais eram incríveis: ele havia trabalhado para a *Time-Life*. Bruce Curtis fizera a cobertura da guerra do Vietnã, onde fora ferido três vezes. Havia documentado os protestos estudantis no país, a Guerra do Yom Kippur no Oriente Médio, a fome em Biafra, na África.

E agora estava na porta de nossa casa, com o bagageiro do carro cheio de equipamento de fotografia e objetos e roupas de produção.

A parada seguinte foi o Platô do Porco.

Bruce tinha ouvido falar de Christopher por causa de sua namorada, que havia conhecido Howard alguns anos antes em um programa de estudo de uma sociedade vitoriana na Inglaterra. Bruce tinha saído da *Time-Life* e agora trabalhava como *freelance*, correndo atrás de qualquer imagem que pudesse vender: ursos de pelúcia usando roupas diferentes, paisagens bucólicas. Ele achava que um grande porco malhado seria um ótimo tema para uma série de cartões.

Os objetos e roupas que ele trouxera refletiam as idéias que ele tinha em mente. Para um cartão de aniversário, ele imaginou o porco usando um chapeuzinho de festa, cercado por pacotes embrulhados com papel de presente e um bolo de aniversário ao fundo. Para um cartão de maternidade, ele tinha feito duas plaquinhas que diziam "É UM MENINO!" e "É UMA MENINA!" e reunido uma série de itens azuis e cor-de-rosa para que Christopher celebrasse o sexo adequado. Havia também uma idéia para um convite de festa maluco, com uma série de chapéus e óculos de sol gigantescos, do tipo que distribuem nos parques de diversão. Outro tema seria o porco tomando um banho de espuma, com todos os tipos de sabonetes, xampus e toucas de banho.

Nós lhe demos as boas-vindas a New Hampshire. Afinal, ele era amigo de uma amiga de Howard. Além disso, como poderia dizer não a alguém que considerava nosso porco digno de se transformar em um tema para um negócio?

Meu marido não disse uma palavra, mas ele não acreditava que Christopher fosse cooperar. Ele se retirou para escrever em seu escritório no andar de cima. Kate e Jane tinham saído para alguma aventura pela vizinhança. Fiquei sozinha para trabalhar como adestradora do porco para Bruce.

No começo ele estava entusiasmado. Estávamos em um lindo dia de julho. Havia muita luminosidade e nosso celeiro tinha "a cor perfeita". Mas quando Bruce finalmente viu Christopher, que eu já tinha prendido com a corrente, levou um susto.

– Ele é muito maior do que eu imaginava.

– Ele é muito maior do que nós esperávamos, também – eu respondi.

Bruce avaliou a cena com seu olho de fotógrafo.

– Para que servem esses fios de *nylon* em volta dele? – Ele achava que sua coleira, feita de vários pedaços com fios de *nylon* de várias cores, poderia estragar as fotos.

– Isso é a única coisa que nos protege de um porco de quase duzentos quilos solto.

– Você quer dizer que *não consegue controlá-lo?*

– Claro que não – eu respondi honestamente. – Ele certamente é quem controla a situação por aqui.

Ao elaborar seu projeto, Bruce devia ter imaginado que Christopher seria a versão suína dos famosos cães weimaraners fotografados por William Wegman. Mas não era esse o caso.

Christopher odiou os chapéus de festa. O elástico, projetado para o pescoço de uma criança pequena, arrebentava todas as vezes que tentávamos colocá-lo em volta da imensa cabeça de Chris. Tentamos encaixar os chapéus entre as orelhas, mas eles caíam. Se Kate estivesse por perto – sua genialidade como estilista tinha aumentado com os anos – talvez tivesse conseguido fazer com que ele usasse, mas sem ela todas as tentativas foram inúteis. Christopher sacudia a cabeça e, quando caíam no chão, ele os pegava com a boca e dava a sacudida fatal. Nós tínhamos um pacote de doze chapéus e, em cinco minutos, ele conseguiu destruir 11.

Estava claro que precisávamos colocar o chapéu em Chris antes de acrescentarmos à cena o bolo de aniversário, que iria durar dois segundos, se tanto, antes de Chris o comer. Mas talvez fosse melhor tentarmos empilhar os presentes primeiro, depois o chapéu, e finalmente o bolo, eu sugeri. No mesmo instante, Christopher derrubou as caixas com o nariz. Ele já tinha inventado o jogo de derrubar-tudo com a lenha que tínhamos empilhado cuidadosamente, mas isso parecia ser muito mais divertido porque, como vimos, o passo seguinte foi arrancar o papel de presente. Ele prendeu cada uma das caixas com o casco, arrancou a embalagem com os lábios e depois sacudiu antes de destruí-la.

Por fim, decidimos esquecer os presentes e nos concentrarmos no chapéu e no bolo. Quando o bolo fosse servido, teríamos só uma chance de bater a foto. Bruce arrumou a câmera no tripé, a uma distância suficiente apenas para ficar fora do alcance do nariz. Eu coloquei alguns *bagels* no chão para manter Chris ocupado enquanto pegava o último chapéu e o bolo. Coloquei o chapéu no porco, coloquei o bolo no lugar e corri para longe da câmera. O chapéu caiu. Christopher enfiou o nariz nas letras azuis sobre o glacê branco e, então, com uma mordida, comeu um quarto do bolo.

Christopher estava adorando a carreira de modelo. A única coisa de que ele não gostava era ter que usar roupas e ser fotografado.

Quando tentamos fazer o cartão da maternidade, Chris estraçalhou cada um dos itens azuis e cor-de-rosa que Bruce havia trazido. Ele não se dispôs a enfiar as pernas dianteiras nas mangas de um suéter – além do quê, o tamanho estava errado. Ele puxou, arrancou, sacudiu e mordeu as placas onde se lia "É UM MENINO!" e "É UMA MENINA!" até virarem uma massa.

A única coisa que Chris aceitou usar foi um lenço vermelho em volta do pescoço, que Bruce colocou para que não aparecesse a velha coleira. Isso e – estranhamente – os óculos de sol imensos. Ele gostou dos óculos. Ficaram absolutamente confortáveis sobre o seu nariz, e as lentes coloridas acabaram ficando exatamente na frente dos seus olhos. Ele ficou andando com os óculos por cerca de um minuto. Bruce tirou várias fotos antes que eles caíssem da cabeça de Chris.

Finalmente – com os objetos quebrados, o bolo comido, o guarda-roupa destruído –, fizemos uma última tentativa: o banho de espuma. Bruce disse que a coleira teria que ser retirada; Christopher precisava estar completamente nu para o banho. Fizemos um pouco de espuma num balde de água morna e tirei a coleira.

Mas Christopher Hogwood já estava cansado de tudo aquilo. Ele saiu correndo para a casa do vizinho, e foi cheirar as uvas que estavam brotando.

NÓS IMAGINÁVAMOS QUE AQUELE DIA DE TRABALHO DIFÍCIL TINHA SIDO completamente inútil. Mas não foi isso o que aconteceu. A foto de Hogwood usando os enormes óculos de sol ficou linda. Bruce generosamente nos enviou uma cópia com sua permissão para que a uséssemos como quiséssemos. E isso nos deu uma idéia.

Durante muitos anos, havíamos recebido na época das festas inúmeros cartões de nossos amigos sorridentes em suas casas, fotos de seus filhos, cartas contando em detalhes o sucesso de seus filhos nos esportes e na vida acadêmica. Um colunista do *New York Times* disse uma vez que o cartão de Natal era, na verdade, "um informativo anual do sucesso procriador e do status conjugal, posição social e situação financeira". Agora poderíamos nos juntar a essa tradição. Exceto pelo fato de que éramos escritores *freelances* sem emprego fixo e sem filhos. A solução era óbvia: mandar fotos do nosso porco na época das festas.

Sentíamos que devíamos isso aos nossos amigos. Pois, em certo sentido, Christopher representava um esforço da comunidade. Nessa época, Chris necessitava de um verdadeiro império para reunir os restos de comida. Além das garotas da casa ao lado, a senhora do correio, e o pastor, entre os contribuintes regulares, estavam alguns dos maiores especialistas do mundo em animais selvagens. Gente como o dr. Richard – biólogo que passou metade do século viajando entre New Hampshire e a Tanzânia para estudar os antílopes, e Runi, sua esposa, com quem ele havia se casado em um dos poucos intervalos de seu trabalho, e que guardava o lixo de sua cozinha para Chris durante toda a semana em sacos no freezer. Eu passava na casa deles aos sábados (e mais de uma vez trouxe para casa um saco de camarões congelados ou até um frango inteiro por engano). Cindy Dechert, que morava na frente da casa de seus pais, os Amidon, trazia folhas frescas de sua horta para Christopher. Barry Estabrook, editor do primeiro livro com minhas colunas no *Boston Globe*, mandava o pão velho da padaria que ficava diante de seu escritório no norte de Vermont. No final do verão, o comedouro de Christopher ficou cheio de abobrinhas de Hancock; depois da primeira geada, as pessoas trouxeram os tomates verdes que ficaram nos pés; depois do Halloween, o celeiro ficou abarrotado de abóboras que haviam sido decoradas para as festas.

E tudo isso somado ao que foi talvez o recorde mais impressionante de restos acumulados na carreira de Christopher: o do *Wide World Cheese Shop*. Embora raramente pudéssemos nos dar ao luxo de comer fora, nosso porco começou a receber regularmente um fornecimento de alimentos finos de um dos restaurantes mais populares da região, que ficava a pouco mais de dez quilômetros de distância, numa cidade vizinha.

Alface-roxa. Pão com levedura. Queijo dinamarquês com dill. As primeiras e as últimas fatias dos tomates. E sopa, muita sopa. O proprietário e chef da cozinha do restaurante, Harlow Richardson, nos disse:

– Se queimasse, virava comida apimentada, mas se fosse além disso, ia para Christopher.

Todas essas iguarias iam para os galões verdes que ficavam embaixo do balcão de preparação do restaurante, e dali iam para a caminhonete de Harlow. Em uma zona rural, onde nem se ouvia falar de entregador de pizza, Christopher Hogwood recebia comida entregue regularmente em casa. Além disso, como Harlow costumava entregar a comida acompanhada de música, cantando *Os piratas de Penzance*, *Mikado*, *Orfeu in the Underworld*, Christopher logo aprendeu a adorar ópera.

Nós também estávamos em débito com outras pessoas por seu serviço de escolta. Quanta vezes Ed salvara Christopher? E Mike, que vivia tirando Chris da estrada? E aquela ocasião em que fomos passar o Dia de Ação de Graças em Long Island e ao voltar para casa encontramos todos os voluntários do corpo de bombeiros em nossa casa? Não vimos o caminhão dos bombeiros, mas reconhecemos os carros de todos. Chris havia escapado e todo mundo apareceu para ter certeza de que ele havia voltado ao celeiro são e salvo.

Começamos enviando cem cartões de Christopher. Então, começaram a chegar pedidos de gente que não havia recebido e tivemos que mandar fazer mais cópias.

BRUCE NÃO PERCEBEU, MAS ESTAVA SEGUINDO UMA NOBRE TRADIÇÃO. A mais antiga imagem conhecida de um porco foi pintada quarenta mil anos atrás na caverna de Altamira, no norte da Espanha, e mostra um javali saltando. Desde então, vários artistas encontraram inspiração nos porcos. Uma das fontes, o artista-autor de *The Pig in Art*, chega a sugerir que a mais famosa das primeiras imagens de uma mulher – a pequena estatueta conhecida como Vênus de Willendorf, esculpida em calcário há 24000-22000 anos a.C. – pode ter sido indiretamente uma homenagem a um porco. (A idéia é menos estranha do que parece, considerando que os porcos sempre foram símbolos de fertilidade. E ninguém pode negar que essa Vênus é muito parecida com um porquinho.)

Os primeiros porcos domésticos representados pela arte humana parecem ter sido as oferendas chinesas encontradas nas tumbas Zhou, do século IX a.C. Desde então, como os porcos continuaram a nos inspirar com sua bravura e fecundidade, alimentando nossos corpos e espíritos, não é de admirar que os seres humanos tenham celebrado os porcos utilizando praticamente todos os materiais imagináveis: porcos chineses de jade, suínos egípcios de ébano. Porcos esculpidos em ossos de rinoceronte e no marfim do elefante. Porcos de terracota e porcelana. O Vaticano possui um porco no tamanho natural, esculpido em mármore, representando a grande mãe branca, e o Louvre guarda entre seus tesouros um friso de uma porca assíria.

Quando enviamos os primeiros cartões de Natal com nosso porco, Chris tinha apenas cinco anos de idade, e não pensávamos em nada grandioso. Mas Chris havia nascido sob a proteção da estrela da sorte. Ele tinha o que toda grande figura precisa ter para deixar sua marca neste mundo: substância. (Com mais de duzentos quilos, e aumentando, isso é que era substância.) A fama veio até ele.

Carta endereçada a Christopher Hogwood pela Blanchard & Blanchard Ltda. de Norwich, Vermont, fabricante de "alimentos finos e puros de Vermont":

> Prezado Sr. Hogwood,
> Sabemos que aprecia alimentos finos...

Tess também foi a destinatária de muitas cartas enviadas para o nosso endereço (uma delas dizia: "Como diretor da empresa..."). Mas isso era irritante. Como eles sabiam da existência dela?

Registro policial transcrito do jornal *Monadnock Ledger*:

> HANCOCK: A fama foi demais para Christopher, o porco, que na quinta-feira apareceu no *Chronicle*, programa de televisão de Boston. No dia seguinte à sua apresentação, Christopher fugiu de casa. A polícia vasculhou a estrada, mas não o encontrou. Mais tarde, ele foi encontrado por sua dona, Sy Montgomery. O delegado Ed Coughlan declarou: "Ele não agüenta a publicidade."

Do *Peterborough Transcript*:

> Uma foto de divulgação de Christopher Hogwood, um porco imenso de propriedade de Sy Montgomery e Howard Mansfield, de Hancock, foi um dos prêmios leiloados para levantar fundos para o museu cultural de Peterborough, o Mariposa Museum. O lance mais alto foi dado por Jim Jenkins, de Antrim.

Das notícias sobre as eleições no *Keene Sentinel*:

HANCOCK: Ninguém se apresentou para a eleição de moderador da cidade, mas Thomas Ward venceu com 69 votos. Ele bateu com facilidade Neal Cass, membro do conselho municipal, e Christopher Hogwood, que tiveram três votos cada um.
Hogwood é um porco que pertence à Howard Mansfield e Sy Montgomery. Os eleitores parece que estão querendo uma reunião emocionante no próximo ano; seu novo moderador não é um porco.

Howard às vezes me acusava de bancar a mãe de estrela. Isso não era verdade. Bem, quando a imprensa local precisava de uma foto por causa do lançamento de um novo livro, eu sempre queria que Chris saísse na foto. Eu tinha orgulho do nosso porco. Mas eu também era esperta o bastante para saber que o ângulo errado da câmera pode fazer com que até uma modelo pareça gorda – mas não se eu estivesse ao lado de um porco enorme.

As fotos de nós dois juntos apareceram nas revistas semanais locais. Também aparecemos em um jornal de uma grande cidade, o *Keene Sentinel*. (A primeira pergunta que me fez o repórter do *Sentinel* a respeito de Chris, e que no meu entender era bastante pessoal, foi: "Ele peida?" Eu respondi: "Raramente".) Também aparecemos na televisão. O editor que mandava o pão de uma padaria de Vermont pelo correio havia publicado uma segunda reunião das minhas colunas, entre as quais havia um ensaio sobre a lama – um dos recursos naturais mais abundantes de New Hampshire durante o mês de março, e tema de um segmento do *Chronicle*, programa de TV de Boston. Christopher, afinal de contas, entendia de lama muito mais do que eu. O *cameraman* gravou muitas cenas de Hogwood demonstrando como fazer uso dessa esplêndida substância. Ele enfiava o nariz na lama, olhava para a câmera e pronunciava "Uhn!" e depois rolava. George tinha ido até a casa de Gretchen para lhe mostrar um pônei quando o programa foi ao ar. Ela gritou:
– George, você não vai acreditar! Christopher Hogwood está na TV!

George correu para ver. Durante todo o segmento, George ficou em silêncio, balançando a cabeça. Finalmente ele disse:

– Esse porco se deu muito bem na vida.

A foto de Chris apareceu no *Boston Globe*. Não tinha nada a ver com minha coluna. Foi uma foto só dele na seção dedicada ao estado de New Hampshire. Eu conhecia o fotógrafo, porque ele era especializado em vida selvagem e também porque ele e sua mulher dirigiam um centro de reabilitação para corujas feridas em Massachusetts. Certo dia, ele passou pela região e parou para dar um alô. Logo depois, Hogwood estava ocupando um quarto de página da edição de domingo. Ele estava apoiado nas patas traseiras, com as patas dianteiras sobre o portão, a baba caindo pelo queixo, louco de desejo por um *bagel*. "Os animais são um dos temas favoritos para fotos, e os porcos são muito fotogênicos", dizia a legenda, "mas o porco de Pavlov, também conhecido como Christopher Hogwood, excede as expectativas quando se aproxima da câmera à espera da comida." (Eu fiquei indignada com o fato de o redator ter esquecido de mencionar o toque pessoal de Chris: um porco salivando.)

Sua foto também apareceu no *Washington Post*, onde o melhor amigo de Howard na faculdade e sua esposa trabalhavam como repórteres. (Seus filhos já tinham participado do Salão de Beleza e tinham adorado.) Depois que seu livro *The Hidden Life of Dogs* [A vida secreta dos cães] se tornou um best-seller, Liz Thomas manteve durante muitos anos uma coluna no *USA Today* – e conseguiu falar de Christopher ali também. Ele era mencionado freqüentemente na rádio pública de New Hampshire. "Essa foi a Sinfonia nº 84 de Hayden", anunciava o locutor que apresentava o programa de música clássica, "sob a regência de Christopher Hogwood." De vez em quando ele também fazia alguma referência ao amante da ópera que vivia em nosso celeiro. Mesmo quando isso não acontecia, os vizinhos comentavam: "Ouvi o seu porco hoje no rádio."

Mas a cobertura mais ampla recebida por Hogwood era proveniente dos esforços literários de Howard. A revista *Yankee* sempre publicava os artigos de Howard sobre preservação histórica e ícones da Nova Inglaterra. Christopher tornou-se um destes últimos. Os editores deram ao artigo de Howard a respeito de Chris o nome de "Vida de Porco". O subtítulo dizia: "Comida, Visitas e Atenção da Mídia – o que mais poderia querer um porco?"

– No que diz respeito à comida, o nosso porco é zen – dizia Howard. – Ele se torna sua comida. Ele é sua comida. Ele adora sua comida. Sem remorsos. Sem sentimento de culpa por causa da gordura ou do açúcar ou dos pesticidas. Um porco nos faz voltar a uma época mais simples na história da alimentação: toda comida é boa.

"Não admira que tanta gente lhe trouxesse seus restos" – escreveu meu marido. – "É como se o mundo todo se inclinasse e os vegetais descessem confortavelmente pelas mandíbulas de nosso porco...."

"Ao longo dos últimos cinco anos" – gabava-se Howard –, "Christopher Hogwood conquistou um eleitorado muito maior do que o da maioria dos congressistas... Para alguém que passa a maior parte do tempo em seu chiqueiro ou tomando banho de sol, ele certamente sabe formar uma rede de contatos."

O resultado do artigo de Howard foi que essa rede se expandiu. Certo dia, quando estávamos saindo para jantar na casa de amigos, um carro com placas da Califórnia parou na frente da nossa casa.

– Esta é a casa de Christopher Hogwood? – perguntou o motorista, um senhor de meia-idade. – Eu e minha mulher lemos a respeito dele na *Yankee*, e gostaríamos de saber se podemos tirar uma foto.

Acompanhamos o casal de *paparazzi* até o chiqueiro de Chris. Quando saímos, eles ainda estavam tirando fotografias.

ENQUANTO A REDE E A CINTURA DE CHRIS SE EXPANDIAM, O MESMO acontecia com nossa mala direta. Mais e mais pessoas pediam a foto de Chris: os editores de todos os jornais e revistas para os quais escrevíamos, os colegas de Howard na área de preservação histórica, membros de universidades e museus. Nós enviávamos o cartão. Todo mundo adorava ver o porco feliz usando óculos de sol cor-de-rosa. Todos queriam saber quando faríamos o próximo cartão.

Os cartões de Natal de Chris acabaram criando uma tradição, outra forma de marcar o tempo. Em um ano, Christopher usou um gorro de elfo. Em outro ano nós mostramos Chris tomando uma cerveja. (Alguns dos nossos amigos nos acusaram de abuso suíno. Nós não entendemos se eles achavam que álcool não faz bem para os porcos ou se eles simplesmente não gostavam de cerveja.)

Quando o aniversário de Jane caiu durante o auge da chuva de meteoros de Perseu, fenômeno astrológico que ocorre todos os anos em agosto e que é bastante visível no Hemisfério Norte, nós todos deitamos de costas no quintal contando as estrelas cadentes. Nos intervalos, ficávamos pensando: "o que vamos fazer para a foto do porco no ano que vem? Como podemos fazer para superar o ano anterior?"

Mas, naquele verão, Lilla nos contou que ia se mudar com as meninas. Lilla ficara numa situação muito difícil com o processo do divórcio e tudo o que veio depois. Felizmente, sua mãe estava em condições de ajudá-la, mas ela morava em Connecticut. A família teria que se mudar para lá.

Na véspera da mudança, fizemos um dia inteiro de Salão de Beleza. Lilla ficou em casa empacotando as coisas. Howard ficou em seu escritório no andar de cima, tentando escrever, sentindo-se triste e vazio. Eu fiquei com Kate e Jane no Platô, escovando Christopher no sol. Kate olhou para mim:

– Eu quero fazer o Salão de Beleza amanhã de novo! – ela disse.

Tentamos nos convencer de que Connecticut não era assim tão longe. Poderíamos nos visitar. As meninas voltariam a Hancock para passar algumas semanas durante todos os verões.

Mas não haveria Salão de Beleza no dia seguinte. A velha casinha ao lado da nossa estaria vazia. Parecia terrível demais para suportar. Estendemos nossos braços e cobrimos o porco com eles. Enquanto ele grunhia suavemente, nós soluçamos sobre o pêlo de Chris.

Capítulo 9

Descobrindo o Éden

—AQUELE É O ÔNIBUS DE JANE. TODAS AS MANHÃS, ENQUANTO EU servia os ovos que nossas galinhas haviam botado, Howard se sentava à mesa perto da janela e fazia o mesmo comentário quando via o ônibus escolar passando. Mas Jane, naturalmente, não estava no ônibus.

A Casa de Bonecas estava vazia. E parecia tão triste quanto nós com a ausência de suas ocupantes.

Nós sentíamos muita falta das garotas, e estávamos preocupados em relação aos vizinhos que poderíamos ter em breve. E se tivessem cães agressivos correndo soltos por ali? Ou crianças que gostassem de perseguir animais? Será que nossas galinhas estariam seguras? E se não gostassem do nosso porco? A pilha de compostagem de Christopher ficava praticamente encostada no pequeno muro de pedra que separava os dois quintais. E se essas pessoas não gostassem de esterco de porco?

Nós demoramos a descobrir. Embora o dono da casa tivesse voltado a morar ali durante algum tempo, ele perdeu o emprego e não levou muito tempo até que o banco lhe tomasse o imóvel. New Hampshire estava atravessando outro período de recessão e desta vez o mercado imobiliário também tinha sido bastante afetado. Mas neste caso havia uma dificuldade adicional – que só fomos descobrir depois de uma conversa com um amigo especial de Christopher, o especialista em *software* Ray Cote, que nos falou de um encontro que tivera com o corretor imobiliário na Câmara do Comércio.

– Nós recebemos esse casal de Nova Jersey – o corretor contou a Ray. – Estavam procurando um lugar tranqüilo, um pouco isolado, por isso eu lhes mostrei essa casa. Vimos o interior da residência e eles gostaram. Ficaram bastante felizes. E quando saímos, vimos um lindo jardim nos fundos, com as plantas florescendo, e eles gostaram ainda mais. Eles *realmente* pareciam estar muito interessados na casa. Eu estava achando que eles iriam fazer uma oferta. O marido já ia dizer alguma coisa nesse sentido quando ouvimos um grito.

– E, então, eu olhei para o quintal do lado, na casa vizinha. E vi uma mulher muito magra e miúda – devia medir um metro e meio – usando botas imensas, correndo feito uma louca. E ela estava carregando um balde, que parecia muito pesado. Por que diabos ela estaria correndo?

– Então, olhamos para trás. E aí nós vimos a cabeça de um porco enorme, preto e branco. E então nós vimos o corpo de um porco gigantesco. O porco saiu do nada, e estava correndo atrás dela, fazendo muito barulho. Grunhindo, grunhindo! E a mulher entrou *voando* no celeiro. E o porco foi *voando* atrás dela. E aí a porta bateu com força. E então não ouvimos mais nada.

– E o que foi que você disse para o casal? – perguntou Ray.

Eu me virei para eles e disse:

– Como podem ver, a vizinhança é boa.

O casal saiu sem dizer uma palavra. Nunca mais ouvimos falar deles.

NÓS GOSTAMOS DE OUVIR A HISTÓRIA QUE RAY NOS CONTOU. CONCLUÍMOS que Christopher havia prestado um serviço à vizinhança. Qualquer pessoa que se recusasse a ser vizinha de um porco certamente não era digna da nossa cidade.

Mas, enquanto isso, a casa parecia muito solitária. Seria difícil substituir Lilla e as meninas. Não passava um dia sem que pensássemos nelas. Mas elas cumpriram a promessa e vinham nos visitar de vez em quando. Em um ano, elas fizeram uma surpresa a Howard em seu aniversário, e ano seguinte apareceram no meu. Também vinham durante o verão. E nós íamos visitá-las na casa que haviam alugado em Connecticut – uma casa enorme estilo anos setenta.

A nova cidade era muito diferente, as garotas contaram. Praticamente ninguém tinha os dois pais, muitas crianças tomavam Prozac, todo mundo fazia terapia. Kate nos explicou como funcionava a hierarquia social na escola: havia os atletas, os esquisitos, os metidos (que fingiam ser algo que não eram) e os fingidos (metidos que fingiam ser alguma coisa diferente a cada semana). As pessoas se produziam para ir à escola – nada de jeans e moletom, como em New Hampshire. Certa vez nós passamos a noite por lá e de manhã vimos Kate indo para a escola de minissaia e meia-calça arrastão. Howard arregalou os olhos de tal forma que suas sobrancelhas espessas se perderam no cabelo encaracolado. Da sua boca saíram palavras que ouvi de meu pai quando eu era jovem, mas que jamais imaginei que meu marido repetiria.

– Você está indo para a *escola* vestida desse *jeito*?

Kate e Jane já não eram mais meninas, e estavam se transformando em jovens lindas. Mas elas ainda faziam parte de Hancock, ainda eram parte da nossa família, estavam ligadas para sempre à felicidade do Salão de Beleza do Porco, às leituras do *Walker's Mammals* e às aventuras com orcas e lobos e lontras que imaginávamos à mesa da cozinha. Jane havia sido aceita em uma escola particular que tinha seu próprio zoológico, onde ela gostava de cuidar dos emus. Era excelente aluna em arte e biologia. Kate, que sempre havia lutado para superar a dislexia, agora adorava ler e escrever. As redações que fazia sobre a vida selvagem e seus ensaios sobre preservação e direitos dos animais impressionavam seus professores. Estava claro que as meninas cresceriam sabendo o que as faria felizes. Elas sabiam o que era felicidade: ela se parecia com um porco sonolento malhado de preto e branco.

E elas sempre voltariam para Chris. No começo, devido às grandes mudanças do corpo, da voz e dos odores da adolescência, imaginamos se Christopher reconheceria suas velhas amigas da próxima vez que as visse. Porém, mesmo quando havia um intervalo de vários meses entre as visitas, Christopher sempre reconhecia Kate e Jane. Todas as vezes que elas chegavam, mesmo antes de ser tocado por suas mãos, Christopher sempre emitia aqueles grunhidos suaves e amorosos que sempre reservara apenas para elas.

EM HANCOCK, PERCEBEMOS QUE O MERCADO IMOBILIÁRIO ESTAVA MUITO agitado. Desde que compramos a casa, nós havíamos tido uma série de inquilinos maravilhosos – mas eles estavam sempre indo embora, e quando isso acontecia entrávamos em crise. Precisávamos da renda do aluguel que os inquilinos nos proporcionavam, mas como efetivamente moravam *em* nossa casa – que era também nosso local de trabalho – se não fossem perfeitamente adequados o desastre era certo. No mesmo ano em que as Lillas saíram, ficamos nessa posição desconfortável novamente.

Felizmente, podíamos contar com Christopher Hogwood para testar os potenciais inquilinos. Era só fazer uma visita até o celeiro para deixar claro que só deveriam se candidatar as pessoas que gostassem de porcos. Para Mary Pat e John, Christopher era como um membro da família – apesar de quase ter destruído o vestido de casamento. (Ela estava chegando em casa com o vestido quando Chris saiu correndo para cumprimentá-la com seu nariz cheio de barro, mas ela conseguiu correr e colocar o vestido fora de perigo.) Depois que Mary Pat e John foram embora, outro casal se mudou para nossa casa. Ele era um artista, e ela trabalhava no hospital em Keene, cuja lanchonete era outra fornecedora regular de Christopher. Depois foi a vez de um escritor e músico de jazz, que trabalhava na livraria Toadstool, em Peterborough. Ele transformou parte do espaço alugado num pequeno negócio de fabricação de cerveja, e dava os detritos do processo para um Christopher agradecido. Depois, veio um sujeito da nossa idade, com seu pastor branco. Eram refugiados de um divórcio desagradável. Certo dia ele deu com uma encomenda inesperada diante de sua porta – um saco plástico cheio de lixo com uma etiqueta: PARA CHRIS. O nosso inquilino também se chamava Chris e imaginou que sua ex estivesse lhe pregando uma peça, até lhe contarmos a respeito das entregas para Christopher.

Agora, *esse* inquilino estava saindo, e pelos mesmos motivos dos outros. Nós nunca aumentávamos o aluguel e garantíamos aos nossos inquilinos que jamais os colocaríamos para fora. Todos acabavam saindo porque alguma coisa maravilhosa havia acontecido. Era como se o fato de morar naquela casa fizesse com que os desejos se realizassem.

Mary Pat e John tinham saído para começar uma família em sua própria casa, que haviam comprado em Peterborough; o mesmo aconteceu com o outro casal. O livreiro fabricante de cerveja saiu para realizar seu sonho de se tornar poeta, ensaísta e músico em Nova York. E o nosso inquilino divorciado acabou encontrando o amor da sua vida quando se dirigia até a cidade e uma mulher esbelta e atlética cruzou a estrada montada em seu cavalo. Ele nos deixou para ir morar com ela.

E esse era exatamente o tipo de felicidade que Selinda Chiquoine estava procurando quando apareceu num dia cinza de novembro para ver o apartamento que ficava do outro lado da nossa casa.

Selinda e seu marido, Ken, tinham o que parecia uma vida ideal. Eram apenas um ano mais novos do que nós, tinham bons empregos e interesses variados, e uma bela casa cercada de jardins nos bosques da cidade vizinha. Ken ganhava muito dinheiro trabalhando com computação, e Selinda trabalhava como editora técnica em uma revista de computadores.

Selinda era geóloga por formação – tinha passado o último verão antes da graduação explorando um depósito de zinco nas montanhas Brooks Range, no Alasca, com outras 55 pessoas, sendo apenas quatro mulheres; eles ficaram em uma tenda montada sobre uma placa de madeira compensada, com um aquecedor a querosene. Porém, o casamento com seu amor de faculdade representou o fim de seu trabalho com geologia. Selinda, uma morena miúda com a energia de um esquilo, rapidamente encontrou outra paixão ao ar livre – a jardinagem. Quando o casal se mudou para Sharon, a apenas vinte minutos de carro da nossa casa em Hancock, Ken construiu uma estufa onde ela poderia cuidar de suas flores o ano inteiro.

Mas ultimamente Selinda sentia que estava afundando numa vida de dona de casa de subúrbio. Ela não estava gostando de seu trabalho na *Byte*. Queria passar mais tempo ao ar livre. Estava se sentindo presa. E estava se desentendendo com o marido. Suas conversas giravam sempre em torno de computadores. E suas discussões não estavam levando a nada. Ela amava o marido, mas não estava vendo uma saída para seu casamento. Sentia que a única coisa a fazer era mudar.

Infelizmente, as alternativas não eram muitas. Ela não tinha muito dinheiro. Eram poucos os imóveis de aluguel que permitiam cachorros – e ela queria levar seus dois cachorros, Reba e Louie, para morar com ela, além do gato Tigger. Reba era uma mistura de setter e labrador de três anos, e Louie era uma mistura de labrador e pastor de quatro anos. Um era preto e o outro era branco. Quando ouviu falar da nossa casa, ficou entusiasmada – e nervosa. Ela não queria estragar tudo.

Selinda estava particularmente aflita em relação a Tess. Intuitivamente, ela sabia o quanto era importante que Tess gostasse dela. A opinião de Tess revelaria a nossa decisão. É claro que Tess latiu histericamente quando Selinda apareceu na porta, mas depois de correr atrás do frisbee ela cheirou Selinda e a aprovou.

Selinda não sabia que também seria apresentada a um porco cuja opinião considerávamos igualmente importante. Quando fomos até o celeiro, Christopher emitiu um grunhido de aprovação.

Tess e Chris haviam gostado dela. Isso era o suficiente para nós.

Então, mostramos a Selinda a parte da casa que estava para alugar: a grande sala de estar com lareira no andar de baixo, a copa-cozinha ensolarada que também servia de varanda fechada, a velha banheira que os antigos inquilinos tinham pintado de rosa e o quarto com teto inclinado no andar de cima. No lado de fora, apontei para uma coisa que outros senhorios talvez não fizessem questão de mostrar: a pilha de estrume de Christopher e das galinhas. Mas eu sabia como impressionar uma pessoa que gostava de plantar. O porco representava um acelerador de compostagem.

Selinda adorou tudo. E ficou bastante impressionada com a pilha de esterco.

Eu fiz um bolo de cenoura para lhe dar as boas-vindas no dia em que se mudou. Era um dia de neve em janeiro. Mas ela já estava pensando no que iria plantar no quintal dos fundos assim que chegasse a primavera.

AS PESSOAS VIVIAM NOS PERGUNTANDO POR QUE NUNCA TIVEMOS UM jardim. Howard nunca se interessara. Quanto a mim, apesar de adorar as plantas da nossa propriedade – os lilases formando um arco sobre a porta de entrada, o grande bordo prateado e sua vizinha, a tamargueira, os canteiros de phlox e liliáceas, o marmelo e a macieira, a forsythia e os girassóis amarelos que cresciam junto ao celeiro –, nunca pensei em criar um jardim. Também nunca plantei legumes. O fazendeiro Hogwood, entretanto, sem querer acabou produzindo uma plantação de abóboras: todos os anos nós víamos os brotos saindo da compostagem, reciclando os restos da celebração de Halloween do ano anterior. Muitas das espécies acabavam se cruzando e depois da primeira geada normalmente nós tínhamos tal quantidade de legumes estranhos que poderíamos fazer uma exposição de Halloween diante da nossa porta – e esses legumes eram usados para alimentar Chris de novo no inverno. Mas eu não sabia se ficaria em casa o tempo suficiente para me comprometer com uma plantação de verdade. Poderia ter que fazer uma viagem a qualquer momento.

Enquanto Selinda sonhava com o que iria plantar tão logo terminasse o inverno, eu sonhava com a floresta. Eu estava planejando uma série de viagens até a Amazônia para o meu próximo livro. Sempre quis visitar essa que é a maior das florestas tropicais. Meu pai tinha ido até a Amazônia várias vezes, enquanto estava no exército e depois de ter se aposentado, como consultor particular. Nos anos oitenta, ele havia passado uma semana percorrendo a Amazônia peruana em um barco que levava também um macaco-prego de estimação e uma arara-vermelha. Minha mãe foi de avião até Iquitos e dali foram juntos para o Brasil, onde havia lugares mais civilizados, segundo minha mãe. Mas eu sei qual foi a parte favorita da viagem para meu pai. Tenho uma foto maravilhosa dessa viagem pela América do Sul em que meu pai está segurando uma preguiça de três dedos, com os braços longos e peludos ao redor da cintura dele. Minha mãe tinha medo de que ela mordesse, arranhasse ou fizesse xixi em meu pai. Mas ele está com um sorriso radiante, como se a preguiça fosse uma espécie de prêmio, a criatura mais adorável, linda e improvável do planeta.

Para mim, a Amazônia representava o Paraíso. O rio abraça uma floresta que tem o tamanho da lua cheia. Tendo uma quantidade de espécies de peixes dez vezes maior que a do Congo, enguias elétricas tão grandes quanto uma limusine, e cinco mil espécies de orquídeas, a diversidade da Amazônia é fascinante; sua vastidão é impressionante. Eu sempre soube que um dia iria explorar a mais rica de todas as florestas tropicais, mas eu precisava encontrar primeiro um guia que a conhecesse profundamente.

Por mais estranho que pareça, eu havia vislumbrado esse guia em Sundarbans, em um dia em que as ondas barrentas se abriram e eu imaginei o futuro. Ali, em um afluente do Ganges, eu vi as barbatanas cor-de-rosa de três golfinhos saindo da água. Eu os vi várias vezes em minhas andanças por lá, apenas breves lampejos, mas nunca me esqueci deles; às vezes eles me apareciam em sonhos. Quando participei de uma conferência sobre mamíferos marinhos na Flórida, encontrei um homem que me explicou o motivo.

Ele havia estudado uma espécie diferente de golfinho de rio, o *Inia geoffrensis*, ou boto, que vive na Amazônia. Ele me contou que as pessoas que vivem às margens dos rios dizem que esses golfinhos mudam de forma. Os botos podem se transformar em gente. Eles aparecem nos bailes (usando um chapéu para disfarçar as narinas na cabeça) e seduzem homens e mulheres. E é preciso tomar cuidado, diziam as pessoas, pois os botos podem levar a pessoa para o Encantado, cidade enfeitiçada no fundo do mar – um lugar tão lindo que ninguém jamais vai querer ir embora.

Então, eu soube do que trataria no meu livro seguinte: eu seguiria os botos cor-de-rosa da Amazônia. Eu queria segui-los até o Paraíso. Eu queria segui-los até o Encantado.

Eu queria ir atrás deles, para cima e para baixo, até as profundezas ancestrais do fundo do mar, para o começo de tudo – e através de sua história, mostrar mais uma vez o poder que os animais têm de nos transformar, de nos guiar de volta ao Paraíso, e de nos lembrar que sempre podemos recomeçar.

CERTA NOITE, QUANDO ESTÁVAMOS JANTANDO, SELINDA BATEU NA PORTA da frente. Desde que ela havia se mudado, nós nos visitávamos com freqüência. Fazíamos biscoitos, trocando as bandejas entre os fornos nos dois lados da casa. Fazíamos geléia, dividíamos jantares e às vezes saíamos para esquiar com os três cachorros nas tardes de inverno. Tess, elegante como sempre, mantinha-se à distância, desdenhando os cachorros barulhentos de Selinda.

Mas desta vez Selinda tinha vindo fazer um pedido.

– Eu gostaria de saber se Howard poderia me ajudar a carregar uma planta.

Selinda havia transformado o espaço alugado em uma mistura de estufa com floricultura, com uma excelente biblioteca de história natural e mobiliário composto por algumas peças de antiquário de sua avó. Eu a chamava de Deusa das Plantas. No andar de baixo havia mais de cem criaturas folhadas, banhando-se com o sol meridional: orquídeas, bromélias, jasmins, begônias, lírios da Amazônia, uma flor-de-jade, e pelo menos trinta violetas africanas. Havia plantas penduradas nas vigas, sobre pratos nas janelas, amontoadas no chão. Ela também sempre tinha um vaso com flores frescas – Ken, de seu exílio solitário, mandava-lhe flores todas as semanas. E às vezes Selinda também as comprava na floricultura. Ela estava sempre à procura de plantas novas, e parecia estar aumentando sua coleção a cada semana.

– Mas eu também posso ajudar a carregar uma planta – eu me ofereci.

Eu não imaginava que essa pudesse ser uma tarefa difícil. Mas Selinda foi categórica:

– Acho que realmente preciso de Howard.

Howard não ficou muito satisfeito em interromper o jantar. Mas estávamos no inverno, e se a planta não fosse retirada rapidamente do carro de Selinda, poderia congelar. Ele vestiu o casaco e colocou as botas antes de sair para ver sua mais recente aquisição. Ficou horrorizado ao ver uma árvore de aproximadamente um metro e meio de altura tombada de lado na picape. O vaso com quarenta centímetros de diâmetro devia ter mais de trinta quilos de terra.

– Bem que poderíamos tentar trazer o Chris para fazer este trabalho – Howard comentou.

Mas isso não daria certo; Chris certamente derrubaria o vaso para poder remexer a terra com o nariz. Além disso, o chão estava coberto de neve, e Chris não gostava de sentir a neve em seus cascos durante muito tempo. Se saísse lá fora, ele iria correr, enfiar o focinho na neve, e quando suas patas ficassem frias, cor-de-rosa, ele iria voltar correndo para seu chiqueiro quentinho.

Selinda e Howard tiveram que puxar a árvore até a casa usando o carrinho de neve. Depois, Howard conseguiu arrastar a planta até o primeiro degrau, em seguida até a varanda, depois conseguiu passar pela porta travando uma pequena batalha com as folhas das plantas que já estavam no corredor, para finalmente instalar a nova planta perto de uma janela virada para o leste na cozinha de Selinda.

Selinda nos explicou que a nova companheira fotossintética era uma criatura tropical, membro da mesma família da banana. Na verdade, suas folhas azul-acinzentadas, que pareciam de couro, tinham a mesma forma das folhas das bananeiras. Mas não tinha flores – ainda. E fora exatamente a promessa dessas flores o que havia levado Selinda a comprar aquela planta imensa num dia em que sua auto-estima estava particularmente baixa. Chegaria um dia em que ela iria produzir uma profusão de laranja e amarelo, quando apresentasse uma florescência parecida com a crista de um pássaro tropical imaginário, com uma pétala azul, como se fosse o bico de um pássaro. A flor tão esperada se chamava *Strelitzia*, conhecida em inglês pelo nome do pássaro com que tanto se parece: *bird of paradise* [ave-do-paraíso].

PARAÍSO: O NOME EVOCA SIMULTANEAMENTE O CÉU E A TERRA. SUGERE uma nostalgia sussurrada; como se nossos desejos desaparecessem misteriosamente depois de terem se expressado. De acordo com a definição dos dicionários, o Paraíso não existe nesta vida. O Paraíso pertenceria a uma vida após a morte, ou a um Éden desaparecido, uma exortação à perfeição que perdemos, mas que ainda desejamos, ou uma promessa de felicidade postergada. O Paraíso é o que queremos, e mesmo assim sua definição nos diz que não podemos tê-lo.

Desde o tempo da escola dominical, eu sempre senti uma certa curiosidade pela noção de Éden. Meus professores metodistas ficavam irritados com o fato de eu me mostrar muito mais interessada pelo Éden do que pelo Céu. Depois que morresse, você poderia ir para o Céu – se tivesse sido uma pessoa boa. Mas o Éden estava fora do nosso alcance, eles diziam. Para mim, entretanto, o Céu parecia um lugar chato. Não se falava da existência de plantas ou animais por ali, enquanto abundavam no Éden. E no Éden os animais falavam (pelo menos a cobra que tentou Eva e Adão), e entendíamos o que diziam. No Éden não havia muita gente (apenas duas pessoas), enquanto o Céu parecia irremediavelmente lotado, considerando que todo mundo achava que iria para lá. Meus professores da escola dominical ficavam horrorizados porque eu me recusava a culpar a cobra por tudo o que acontecia com Adão e Eva. E eu achava que Deus era da mesma opinião. Afinal, Ele havia expulsado as pessoas do Éden, mas havia permitido que a cobra ficasse.

Desde que deixamos aquele jardim, sonhamos com o Éden. O fato de que tão poucos de nós conseguem encontrá-lo evidencia a cegueira humana. "O Céu está debaixo dos nossos pés", escreveu Thoreau. Céu, Éden, Paraíso, Encantado – chame como quiser. Ele está tão próximo quanto o quintal dos fundos ou o celeiro, e é tão extenso quanto a Amazônia. Está certo que na Amazônia talvez precisemos de um boto para nos guiar. Mas em Hancock, tudo o que precisávamos para chegar até o Éden era um bom porco.

CERTO DIA, LOGO DEPOIS DE SUA CHEGADA, SELINDA COMEÇOU A PENSAR se não teria escolhido um lugar muito estranho para viver. Ela chegou do trabalho em Peterborough e percebeu que havia uma picape na entrada de carro. Ao sair do seu próprio carro, começou a ouvir uma ópera vinda da direção do celeiro – uma linda voz de tenor. Ela se aproximou lentamente. Harlow estava cantando a trilha de *The Gondaliers* para Christopher enquanto enchia seu prato com *bagels* queimados, queijo Havarti com dill e creme de sopa de batata.

Enquanto brincava no quintal com seus cachorros ou pegava lenha da pilha para usar no forno, Selinda às vezes se aproximava do celeiro. Chris ouvia seus passos e chamava: "Uhn! Uhnn! Nuhnnnn!" Se ela não aparecesse, as chamadas refletiam a irritação crescente de Chris: "Unhnnnnnnnn! Uhnnnnnnnnnnnnnnnnnnnn! Uhnnnnnnnnnnnnnnnnnnnnnn!"

Finalmente, se ela continuasse sem aparecer, ele começava a bater no portão com o nariz, como o dono de um restaurante irritado que atira uma colher para tentar chamar a atenção de um garçom desatento.

– O.K.! O.K.! – ela dizia para ele. – Estou indo!

Selinda logo aprendeu que não deveria sair sem deixar uma cenoura ou uma maçã para Chris, ou, se não tivesse nada por perto, deveria ir até o galão de ração e colocar um pouco dos grãos diretamente em sua boca. Tirando as cascas de laranja e cebola, ela guardava tudo para servir como adubo. E fazia isso por interesse pessoal. Com a aproximação do final do inverno, Selinda contava os dias que faltavam para poder começar a plantar seu jardim.

O JARDIM REPRESENTAVA TUDO PARA SELINDA. EM SEUS MOMENTOS DE folga, ela se punha a imaginar como seria. Ela a projetou em sua cabeça e no papel. Da janela de seu quarto no segundo andar, ela ficava olhando para a área em que logo iria cavar. Embora continuasse a trabalhar na revista de computadores, o jardim era a única coisa que ocupava sua mente naquela época.

A maioria das plantas tinha um ciclo anual. Ela sabia que não iria morar em nossa casa para sempre – embora fosse muito bem-vinda. Seria um jardim inteiramente orgânico, sem pesticidas, sem outros fertilizantes além daquele produzido por Christopher. O jardim iria fornecer boa parte de nossa alimentação no verão. Mas era também uma plantação destinada a alimentar a alma.

– Quero que seja um jardim lindo, que fique para sempre – ela disse. Além dos legumes de uma horta, teria também flores e ervas aromáticas. – Quero que tenha tudo! – ela disse.

Mesmo antes de começar a cultivar a terra, o jardim se tornara "meu mundo", como ela dizia. "Meu refúgio."

O lugar já havia sido uma horta antes. Lembramos que os inquilinos que estavam ali antes de nós haviam plantado legumes. Mas depois que eles foram embora, a grama e outras plantas tomaram conta do lugar

Quando não havia mais o risco de geada, finalmente Selinda começou a cultivar a terra, no dia primeiro de junho, quando os morangos selvagens começaram a nascer e os triste-pias a cantar. Ela empurrava a máquina para a frente e para trás, entre nuvens de moscas. Selinda levou três dias para preparar o solo. A área da plantação era enorme: seis metros por 15. Nós nos oferecemos para ajudar, mas era trabalho para uma pessoa. Quer dizer, uma pessoa e um porco. De seu lugar preso à corrente, Christopher assumiu o posto de supervisor, acompanhando seu trabalho com grande interesse, as orelhas voltadas para a frente, as narinas abertas. O cheiro que a terra adubada exalava era para ele uma sinfonia de fragrâncias. Às vezes ele a chamava para que lhe levasse alguma coisa para comer. Na maioria das vezes, Selinda não o ouvia por causa do barulho da máquina, mas ela sabia que ele estava lá, e era uma companhia alegre. Quando parava, levava para ele um punhado de sementes saborosas e fazia carinho em suas orelhas peludas enquanto ele mastigava.

Então, chegou a hora de plantar. Ela havia planejado um círculo de flores no centro: narcisos brancos e phlox, com calêndulas e dálias na beirada. Havia um caminho atravessando esse círculo, com papelão fincado na terra para evitar as ervas daninhas. Irradiando a partir desse círculo, estavam os canteiros de alfaces. Em um canto, ela havia plantado íris, e girassóis em outro. Havia uma variedade enorme de vegetais: rúcula, beterraba, pimentão verde, pimentão vermelho, aipo, espinafre, feijões, abobrinha, cenoura, pepino e três tipos de tomate: para molho, para fazer sanduíches e para aperitivo. Ela também plantou ervas: cebolinha, salsa, dill e 13 tipos diferentes de temperos. Além de abóboras, só para Chris.

Durante o verão, a horta de Selinda nos proporcionou tudo o que podíamos imaginar. Antes do 4 de Julho já estávamos apreciando saladas gigantescas com rúcula picante e alface amanteigada. No final do mês, nossos jantares ao ar livre vinham diretamente do solo. Em agosto, já estávamos imaginando o que fazer com tanta abobrinha – eu até consegui encontrar uma receita de bolo de chocolate com duas xícaras de abobrinha em um livro da igreja metodista (o bolo até que era saboroso, mas pesado como pedra). Quando chegou o outono, Selinda produziu vidros e mais vidros de pesto para aproveitar todos os temperos. Mas o destino das abóboras estava garantido desde o início.

Mas a coisa mais impressionante no jardim de Selinda talvez fosse o fato de que Christopher jamais o invadiu. Nossas galinhas não tinham o menor escrúpulo em ficar procurando insetos no meio das plantas, o que na verdade acabava sendo algo benéfico e uma estratégia usada por muitos horticultores orgânicos. Os cachorros de Selinda às vezes iam atrás dela e pisavam nas plantas. Até mesmo Tess invadia às vezes a plantação quando corria atrás do frisbee. De vez em quando, até alguns veados apareciam no canteiro, como revelavam as marcas de suas pegadas no solo fofo. Mas por que não o nosso porco?

Acontece que Selinda mantinha a grama alta em torno do jardim – estratégia que desencorajava certos insetos – e por isso ele não podia ser visto pelo porco. Mas Christopher também não conseguia ver o canteiro de alfaces dos Amidon da estrada e isso nunca o impediu de invadi-lo. Nosso porco certamente conseguia sentir o cheiro de um vegetal a quilômetros de distância. O olfato dos animais só agora está começando a ser registrado; o dos porcos é lendário. Eles conseguem até sentir cheiro de comida embaixo da terra, talento que os seres humanos vêm explorando desde tempos babilônicos para encontrar as preciosas trufas. Ainda hoje os porcos realizam esse serviço no sul da França, onde ajudam a colher os famosos "diamantes negros" de Périgord, vendidos por até dois mil dólares o quilo. Os porcos são atraídos pelo aroma dessa trufa porque ela produz um esteróide quimicamente idêntico à testosterona presente na saliva de um javali apaixonado.

Para ir do seu celeiro até o Platô, Christopher passava a menos de cinco metros da plantação de Selinda. É verdade que todas as manhãs, quando eu o deixava sair do celeiro, e todo final de tarde, quando eu o trazia de volta, eu corria na frente dele e tentava distraí-lo com alguma coisa cheirosa e apetitosa, mas para nós continuava a ser um mistério o fato de ele nunca ter invadido o jardim e nem violado sua santidade. Se quisesse, ele poderia destruí-lo em 15 minutos. Mas Selinda nunca se preocupou com isso. Christopher era seu companheiro de plantação. Não havia motivo para fazer outra coisa além de ajudá-la em seu trabalho.

No final da estação, Christopher ganhou suas abóboras, e Selinda descobriu a felicidade. Durante o longo inverno – enquanto embalava geléia e fazia seus *cookies*, enquanto enfrentava o tédio do trabalho na revista de computadores e passeava na neve com seus cachorros – as sementes que Selinda havia plantado naquela primeira primavera em nosso quintal permaneceram vivas. Na primavera seguinte, ela sabia o que iria fazer: começar sua própria empresa de paisagismo.

Outros amigos desencorajaram a nova aventura – começar um negócio é sempre algo arriscado. Mas eu não sou avessa a riscos. Nós a encorajamos. Não é todo mundo que consegue enxergar o céu debaixo dos próprios pés, e Selinda havia conseguido. Vá em frente, nós dissemos a ela. Ela deixou o emprego na revista de computadores e começou a trabalhar com jardinagem em período integral.

E como sempre acontece com as revelações, uma leva a outra. Ken nunca havia deixado de mandar flores para Selinda todas as semanas, religiosamente, desde que ela se mudara para nossa casa. Ele ainda estava cortejando a esposa. Às vezes nós o víamos na entrada da porta, um louro alto e magro, com um belo rosto. Além das flores, Ken costumava levar Selinda para jantar todas as semanas. No final da primavera, Selinda percebeu que seu casamento também fazia parte da sua felicidade. Depois de morar durante um ano e meio conosco, ela voltou a viver com seu marido.

Em nosso quintal, o jardim de Selinda logo se transformou em mato e flores dispersas, mas os narcisos ainda florescem todos os anos no canteiro central. E nossa amizade também se aprofundou. Todos os anos fazemos juntos geléia de blueberry no verão, e no inverno fazemos *cookies* de Natal, mas agora usamos a cozinha da casa de Selinda e Ken, que é muito maior do que a nossa. E inúmeras vezes ao longo do ano, Selinda enviava uma lembrança especial para Howard: a flor espetacular, laranja e azul, da sua *Strelitzia*.

APÓS A SAÍDA DE SELINDA, METADE DA NOSSA CASA FICOU DESOCUPADA DE novo. Mas, depois de ter ficado vazia durante anos, finalmente a Casa de Bonecas recebeu uma família novamente.

Quando a corretora mostrou o lugar a Bobbie Coffin, ela caiu na risada. Ninguém sabia qual era a localização do sistema de esgoto, se é que existia algum. Ninguém tinha certeza de onde ficava o poço. A maior parte da casa não tinha isolamento térmico. A cozinha precisava de uma reforma. Bobbie e seu marido, Jarvis, já tinham oito netos, e a idéia de reformar a velha casa na sua idade parecia simplesmente ridícula. Daria muito trabalho.

Eles sabiam porque já tinham feito isso. Haviam consertado e reformado várias casas de madeira em Búfalo e em Syracusa, no estado de Nova York, onde Jarvis intermediava a compra de restos de fibras para empresas de papel. Eles tinham reformado os imóveis, adotado cachorros do abrigo, criado três meninos, produzido lindas flores e hortas em solos nem sempre favoráveis, além de terem criado galinhas e porcos, também.

Os porcos e galinhas tinham sido idéia de Jarvis, mas Bobbie logo se mostrou interessada. Quando Jarvis trouxe para casa dois porcos ainda não desmamados que arrematara em um leilão, Bobbie pensou: "Ai, meu Deus! Eu nunca tive um porco – que coisa mais repulsiva!"

Em menos de 24 horas ela já estava dando mamadeira para a dupla, GugGug e Snooty.

No ano seguinte, Jarvis voltou ao leilão e arrematou mais três porquinhos, numa parceria com quatro amigos. Mas quando chegou em casa com os porcos, Jarvis descobriu que um deles tinha um inchaço debaixo do rabo. Ao consultar um veterinário, ele descobriu que havia comprado um porco conhecido como "roncolho". Ele havia sido vítima de uma castração malfeita e estava com uma hérnia. O veterinário sugeriu que fosse sacrificado.

Mas um dos membros do grupo era o chefe do departamento de cirurgia pediátrica do Buffalo Hospital.

– Do que é que você está falando? – ele perguntou, quando Jarvis lhe contou sobre o diagnóstico do veterinário. – Eu dou um jeito em coisas desse tipo diariamente!

O cirurgião operou o porquinho em uma sala de cirurgia que eles improvisaram no quintal de Jarvis, que atuou como assistente cirúrgico, enquanto o terceiro membro do grupo, o bispo episcopal do oeste de Nova York, assistia a tudo atentamente. O porco, chamado Benjamin, ficou bom em uma semana.

Mas agora essa época havia ficado para trás. Eles estavam procurando um lugar para curtir sua aposentadoria. Estava claro que aquela não serviria. A velha casa precisava de uma boa reforma, assim como de isolamento térmico. Era muito pequena. Eles não teriam conforto. E também havia a questão do sistema de esgoto e do poço.

Foi, então, que Bobbie, parada na rua, olhou para a velha casa, com sua cerca branca coberta de rosas e imaginou uma horta repleta de vegetais no quintal dos fundos, um canteiro de ervas perto da cozinha...

Então, eles alugaram a casa. A única coisa de que sentiriam falta, imaginavam eles, seria a criação de porcos e galinhas. Eles detestavam ter de deixar essa parte de suas vidas para trás.

Mas isso foi antes de conhecerem o vizinho que vivia no celeiro ao lado.

Capítulo 10

Um feriado de porco

—OLÁ, CHRISTOPHER! VOCÊ ESTÁ COM UMA APARÊNCIA REALMENTE boa! Agora, veja o que eu lhe trouxe para comer, se você tiver um pouquinho de *paciência*...

A voz alegre e confiante de Jarvis chegava até meu escritório, assim como o grunhido profundo e contente que lhe era oferecido como resposta. Depois eu ouvia o barulho que Christopher fazia ao triturar as maçãs verdes que Jarvis havia colhido em seu quintal.

– Sim, Senhoras, também tenho algo para vocês – dizia Jarvis, enquanto era cercado pelas galinhas.

Depois eu ouvia os passos de Jarvis no cascalho, e o barulho do metal pegando os grãos no tambor, e o cacarejo alegre das galinhas aproveitando a festa proporcionada por nosso vizinho.

Eu podia ouvir tudo pela babá eletrônica.

A babá eletrônica havia sido idéia de Bobbie. Logo depois que nos conhecemos, tanto ela quanto Jarvis se prontificaram a cuidar de Chris e das galinhas sempre que nós estivéssemos fora, fosse durante uma tarde ou durante um fim de semana. Uma das maiores alegrias de Bobbie era receber a visita de nossas galinhas em seu quintal. Depois de ter cuidado de suas próprias galinhas em Nova York, Bobbie ficava feliz em ter as galinhas de novo em sua vida.

Mas apesar de ter uma visão das galinhas ainda melhor do que nós em nossa casa, ela tinha medo do ataque da raposa. Por isso ela se lembrou da babá eletrônica que usava quando recebia a visita de seu netinho mais novo, colocando o transmissor no Chalé das Galinhas e o receptor em sua cozinha. Howard gostou do equipamento e comprou um para nós. A partir de então, com o receptor em meu escritório, eu passei a escrever meus livros e artigos ao som de grunhidos e cacarejos.

— O que você acha que estão dizendo? — Eu perguntei a Howard na hora do almoço. — Talvez estejam dizendo algo realmente brilhante que eu não consigo entender.

Um dia eu pensei que estivesse quase descobrindo: "Iiii! Iiiiii! Iiiigual! MC ao quadrado!" Era Howard brincando com o transmissor.

Às vezes eu precisava desligar o aparelho. Quando uma galinha cacarejava com muito entusiasmo, Tess ficava preocupada e começava a latir. Porém, mesmo com a babá eletrônica desligada, eu não me preocupava muito com as galinhas. Bobbie e Jarvis estavam sempre de olho nelas.

Eles levavam a segurança e o conforto de nossos animais muito a sério. Certa vez, ao voltarmos de uma viagem de três dias, encontramos as Senhoras instaladas em ninhos absolutamente novos, que Jarvis havia feito para elas. Outra vez, ele refez os poleiros, com formatos e espessuras variados para que elas escolhessem o poleiro que melhor lhes conviesse.

Bobbie e Jarvis eram os avós perfeitos — para os filhos de seus filhos e para os nossos animais. Bobbie, linda e esbelta, estava sempre cuidando de nossas galinhas. Quando Bobbie e Jarvis resolviam visitar o celeiro, Chris os cumprimentava assim que ouvia seus passos junto à parede de pedra. Eles visitavam Chris e as galinhas com tanta freqüência, que Jarvis acabou fazendo uma passarela de madeira entre o quintal deles e o nosso (e acabaram descobrindo onde ficava o misterioso sistema de esgoto). O celeiro acabou se transformando em local de visita para seus netos, e levar restos de comida para Christopher e as galinhas passou a fazer parte dos hábitos da família, assim como havia acontecido com as Lillas.

Em um dia de verão, os Coffin trouxeram para Christopher um verdadeiro tesouro. O casal havia voltado do piquenique anual dos republicanos, onde sobrara muita comida. Jarvis e Bobbie juntaram todos os restos, colocaram tudo em seu carro e Jarvis, que era um homem muito forte, conseguiu carregar tudo para perto do chiqueiro de Christopher. Apesar de Howard e eu sermos democratas, não podemos dizer que os republicanos nunca contribuíram com alguma coisa.

Mas os motivos de Bobbie e Jarvis não poderiam ser mais puros. Um dia, Jarvis fez uma placa de madeira e colocou-a em nosso celeiro. Tinha uma frase de São Francisco de Assis, santo padroeiro dos animais: "Não ferir nossos humildes irmãos é nosso primeiro dever para com eles, mas parar aí não é o bastante. Temos uma missão maior: servi-los sempre que for necessário."

Adorei a citação, e adorei o fato de Jarvis tê-la colocado ali. Para mim, a verdade das palavras do santo iam além do nosso celeiro: elas se referiam ao trabalho que me levava a percorrer o mundo, e à força que me fazia voltar para casa novamente.

O que eu não percebi foi que Jarvis não havia colocado a placa ali apenas por minha causa. Mas por ele e Bobbie, também. Só muitos anos depois eu fui perceber por que os cuidados com Chris davam aos nossos vizinhos uma satisfação tão especial.

Mas eu deveria ter adivinhado: satisfação sempre foi a especialidade do nosso porco. A palavra tem suas raízes no francês antigo, derivado do latim, e quer dizer "agradar, saciar". Isso certamente poderia descrever o objetivo da carreira de comilão de Christopher, mas mais do que isso, descrevia seu efeito nos corações e vidas de seus companheiros mais próximos.

AS MEDIDAS QUE TIRÁVAMOS DE NOSSO PORCO REVELARAM QUE AO FINAL do primeiro ano de Bobbie e Jarvis como nossos vizinhos, Christopher havia chegado aos trezentos quilos.

Será que algum dia ele vai parar de crescer, as pessoas nos perguntavam. Achávamos que sim – algum dia. Mas não tínhamos certeza. Alguns animais, inclusive os tubarões, aranhas e lagostas, passam a vida toda crescendo.

Os tubarões podem crescer indefinidamente porque seus esqueletos são feitos de cartilagem, e não de ossos, e eles vivem no ambiente aquático dos oceanos, onde o peso não tem importância. As aranhas e as lagostas, assim como muitos outros invertebrados, podem continuar crescendo porque têm seus esqueletos no lado externo; eles simplesmente se projetam quando ficam maiores. Mas nós, que temos esqueletos internos, assim como os porcos, precisamos parar de crescer em um determinado momento. Com Chris, nós não sabíamos quando chegaria esse momento. Nós não sabíamos quando ele havia passado o equivalente suíno da adolescência. Nós não sabíamos quando ele poderia entrar na meia-idade – talvez já tivesse chegado. Mas se você não imagina quando acaba, como descobrir qual é o meio? Nós ainda não tínhamos idéia do quanto poderia viver um porco. O *Walker's Mammals* dizia que a longevidade média dos porcos selvagens era de aproximadamente dez anos. Mas eu sabia da existência de uma porca em um zoológico para crianças que tinha quase 20 anos. Sempre que encontrava algum veterinário, eu fazia perguntas a respeito desse assunto. A maioria achava que os porcos viviam tanto quanto os cachorros. Mas alguns se perguntavam se os porcos não viveriam tanto quanto os outros ungulados – uma vaca pode viver até 20 anos, e um cavalo, com sorte, pode chegar a 30 anos.

Poucas pessoas permitiram que os porcos vivessem o bastante para responder a essa pergunta. Estávamos na vanguarda do conhecimento em relação a esse tópico.

Mas sabíamos que Christopher Hogwood não era o maior porco vivo – pelo menos num contexto amplo. O porco mais pesado de que se tinha notícia chamava-se Big Bill, um porco Poland China, de propriedade de Burford Butler, da cidade de Jackson, no Tennessee. A raça Poland China, com suas orelhas caídas, corpo escuro e focinho, rabo e patas brancas, foi desenvolvida originalmente por sua capacidade para produzir banha. Quando mediram Big Bill em 1933, ele tinha um metro e meio de altura, quase três metros de comprimento, e pesava mais de uma tonelada. Sua barriga arrastava no chão.

Nós não queríamos que nosso porco pesasse mais do que nosso carro. Trezentos quilos pareciam de bom tamanho, e Christopher, aos sete anos, parecia um belo porco. Ele tinha cerca de um metro e meio de comprimento,

143

e quando ficava em pé sobre as quatro patas, o topo de sua cabeça chegava a quase um metro de altura. Para nós isso era perfeito. Pensávamos que o peso de Christopher havia atingido o auge.

Mas isso foi antes da tempestade de gelo de 1998.

QUANDO VEIO A TEMPESTADE, EU ESTAVA EM WASHINGTON, D.C., TRABALHANDO em um documentário para a National Geographic. Dois anos antes, uma equipe de filmagem do programa de TV *Explorer* tinha ido comigo para Sundarbans para fazer um documentário sobre os tigres e as histórias dos moradores dos vilarejos, e nessa ocasião haviam me pedido para fazer um roteiro. Agora eu havia tido outra idéia. Ben Kilham, um amigo que trabalhava na reabilitação de animais selvagens, estava criando três filhotes de urso negro perto de sua casa no centro de New Hampshire, utilizando métodos incomuns e interessantes. Ele não os estava criando da mesma maneira que uma pessoa normalmente cria os filhotes de animais, mas como se fosse uma mãe ursa criando seus filhotes – passando dez horas por dia na floresta junto deles. Nesse processo, ele estava adquirindo um conhecimento extraordinário sobre a intimidade da vida dos ursos negros norte-americanos.

Eu havia feito a proposta por telefone, e, como sempre, nossa calopsita havia pousado em minha cabeça. Ela tinha aprendido a assobiar a canção-tema da National Geographic, e me ocorreu que eles talvez gostassem de ouvir. Encantados, depois de ouvirem o pássaro, os executivos concordaram em bancar o projeto dos ursos.

Havíamos filmado Ben e os filhotes durante quase dois anos, enquanto os ursinhos iam crescendo. Agora eu estava escrevendo o roteiro enquanto o produtor e o editor editavam as seqüências finais. Na noite de 8 de janeiro, ligamos a TV na casa do produtor, em Georgetown, onde eu estava hospedada e, para nossa surpresa, vimos New Hampshire no noticiário.

A televisão estava mostrando uma paisagem vitrificada, árvores com galhos secos cobertos de gelo, pinheiros curvados com o peso do gelo, troncos de faias cortados pela metade. Havia galhos e troncos de árvores espalhados por toda parte, assim como postes e fios de telefone.

O estado havia sido tomado por uma tempestade gigantesca. Metade de New Hampshire estava sem luz, e a previsão era de que o conserto em algumas áreas levaria semanas.

Eu telefonei para Howard, com a esperança de que ele estivesse em condições de falar.

Ele me contou que nossa casa havia ficado sem luz durante algumas horas apenas. A casa de Bobbie e Jarvis também tinha energia, mas do outro lado da cidade o estrago havia sido muito maior. Dava para sentir o cheiro de pinho por toda parte. As pessoas ouviam o barulho das árvores caindo, como se fossem explosões, durante a noite inteira. Passear pelo bosque era como andar sobre cubos de gelo. No outro lado da cidade, as pessoas tiveram que ir para a casa de parentes ou amigos, ou ficavam sob a luz de velas, aquecidas por fogareiros a lenha. Esse lado da cidade ficou sem energia elétrica durante vários dias após a tempestade.

Não demorou muito para que nos déssemos conta das conseqüências. Longe de ser um desastre natural, para o porco a tempestade de gelo representou uma grande festa: em pouco tempo toda a comida descongelada de todas as geladeiras de Hancock começou a tomar o rumo do chiqueiro de Christopher.

Durante toda a semana, vários baldes de comida foram chegando. E também várias sacolas. Mary Garland trouxe um enorme cesto de plástico, que Howard ajudou a tirar do carro e arrastar pelo gramado. Mary é uma decoradora de interiores aposentada que tem um gosto impecável, e é famosa pela fartura das festas que dava de última hora e por estar sempre preparada para as visitas inesperadas de seus filhos e netos. Certa vez abri seu armário para pegar um copo e encontrei quatro vidros de vinagre balsâmico, numa época em que as pessoas nem sabiam o que era vinagre balsâmico. Você deve imaginar o que ela devia ter na geladeira e no freezer.

Agora tudo aquilo pertencia a Chris.

Depois da tempestade de gelo, nosso porco voltou para sua costumeira ração de cascas de banana e talos de aipo. Mas agora ele tinha potes de sorvete derretido de Ben e Jerry. Blueberries descongeladas que haviam sido colhidas no verão anterior. Pedaços de queijo Brie e Camembert. Lasanhas inteiras, bolos e bombas de chocolate Sarah Lee, pedaços de peixe defumado, potes de *crème fraîche*...

Finalmente Chris havia conquistado o paraíso: sua tigela abarrotada oferecia inúmeras opções. Durante a maior parte de sua vida, procuramos dar a ele tudo o que pudéssemos conseguir. Raramente conseguíamos um balde cheio de restos em todos os dias da semana, e normalmente complementávamos suas refeições com ração. Mas agora ele realmente tinha mais do que conseguiria comer. E sabia disso.

Mas a impressionante boa sorte de Chris acabou nos criando um problema contraditório. Quando voltei para casa, depois de ter concluído meu trabalho em Washington, descobri que Howard e eu havíamos nos tornado os guardiões de um porco exigente.

Alimentos antes apreciados eram agora desprezados. Chris era capaz de empurrar um repolho com o nariz como se fosse uma bola de brinquedo. Ele ignorava pedaços de cogumelos, talos de aipo e de brócolis. Isso se prolongou durante meses. Quando chegou o verão, ele não deu muita importância às cascas de milho, preferindo o grão fresco, na espiga, e com manteiga.

Graças a Deus que tínhamos o Café Friddleheads. Um ano depois que Harlow vendeu sua loja de queijos e se aposentou, um jovem casal da região abriu um bufê e loja para gourmets ainda mais perto da nossa casa, na Main Street, em Hancock. Eles instruíram sua equipe para que separassem o lixo de acordo com a dieta vegetariana, não-cítrica e sem cebola de Christopher. Todos os dias, nós íamos pegar os baldes cheios de restos da cozinha. Ao levantar a tampa, sentíamos o cheiro do molho vinagrete, da massa caseira ou salada de arroz, azeitonas importadas, e gouda defumado. O Friddleheads fechava às segundas, por isso aos domingos recolhíamos todas as sobras de pães e bolos: muffins de banana, blueberry e de papoula, pão doce de canela, cereja, limão e queijo. Freqüentemente, quando íamos a casamentos e festas organizados pelo bufê, descobríamos que nesses eventos elegantes estávamos comendo a mesma coisa que nosso porco. A apresentação era diferente: para nós, os canapés eram servidos em belas bandejas, enquanto no balde de Chris eles estavam misturados indistintamente.

Ainda assim, havia coisas que ele não comia. Às vezes uma boa alma nos trazia um balde com restos de alho-poró ou alguns repolhos velhos. Nós agradecíamos e jogávamos tudo na pilha de compostagem. Ali, cedo ou tarde, isso seria encontrado pelas galinhas, e poderíamos ouvir a discussão delas pela babá eletrônica.

Mas Christopher tinha dado a conhecer seus desejos. Nós simplesmente obedecíamos, pois para nós tratava-se de uma missão e de um privilégio. E por isso, ele nos recompensava com um espetáculo raro e edificante. Éramos felizes – mas estávamos sempre desejando ampliar o alcance do que escrevíamos, querendo que nossas palavras mudassem o mundo. Tess era feliz – mas estava sempre querendo que passássemos mais tempo jogando frisbee. Christopher, porém, era outra história. Ali estava uma alma cujos desejos, indo além de todos os sonhos mais loucos, haviam sido completa e absolutamente satisfeitos.

"NÃO HÁ UM ÚNICO PONTO DE VISTA A PARTIR DO QUAL UM PORCO REALMENTE corpulento não esteja cheio de curvas satisfeitas e suntuosas", escreveu o romancista e ensaísta inglês G. K. Chesterton em O uso da diversidade, em 1920. Ele confessa nesse livro que seu sonho de infância era criar seu próprio porco de estimação. "Eu não conseguia imaginar por que os porcos não podiam ser criados como animais de estimação", ele escreveu. "Para começar, os porcos são animais muito bonitos. Quem não pensa assim é porque não olha para as coisas com seus próprios olhos, mas através dos óculos das outras pessoas."

Que outra criatura poderia dar tal satisfação aos olhos? "É possível olhar para um porco do alto de qualquer conversível", dizia Chesterton. "Pode-se examinar o porco do alto de um ônibus, do alto de um monumento, de um balão, ou de um dirigível, e enquanto estiver ao alcance da visão, será bonito... Em resumo, ele tem aquele tipo de forma cheia, sutil e universal que pode levar os que não pensam... a confundi-la com a mera ausência de forma. Pois a gordura é em si uma qualidade valiosa."

A gordura, sugeriu Chesterton, confere satisfação ao espectador por tabela: a gordura é a prova da própria satisfação; satisfação transformada em carne.

Ao contrário de Chesterton, eu nunca realmente apreciei a beleza da gordura até fazer a minha primeira viagem ao Brasil para ver os botos cor-de-rosa. A gordura é celebrada em Manaus – cidade que fica no coração da selva, onde os dois maiores afluentes, o rio Negro de águas escuras, e o rio Solimões com suas águas leitosas, se encontram para formar o Amazonas. Manaus é uma festa de carne e gordura. Não é que seus habitantes sejam mais gordos do que os norte-americanos, realmente não são. A diferença é que eles gostam de exibi-la. As mulheres – mesmo grávidas, velhas ou muito obesas – gostam de usar calças apertadas e blusas frente-única, shorts, vestidos justos ou jeans saltando nas costuras, quase sempre com o primeiro botão aberto para acomodar o excesso. No mercado de peixe, as barrigas grandes dos homens velhos sem camisa pulam para fora da cintura de suas calças. Lá, as pessoas apreciam a força e o preparo físico, pensei eu, mas elas também se lembram de que muitas pessoas em seu país passam fome. Gordura é abundância. Gordura é fecundidade. Gordura é a plenitude da vida.

Christopher teria adorado a Amazônia, eu pensei. Vi muitos porcos por ali, às vezes passeando calmamente com as pessoas nas canoas. O Brasil tem muita comida. Até as árvores espalhadas pelas ruas da cidade largavam seus frutos no piso das calçadas: mangas, goiabas, mamões. O mesmo acontecia com a música: samba, rock e o boi-bumbá se espalhavam pelas ruas saindo das lojas, ônibus e restaurantes, derramando as notas como a água de uma fonte pública. Na estação das chuvas, quando cheguei com meu fotógrafo pela primeira vez, parecia que cada criatura viva se deixava levar pelo sabor sensual da vida. Na Índia, eles dão a isso o nome de *rasa*: a seiva doce, a essência suculenta da vida, a satisfação essencial no prazer da vida, seja comida, arte ou sexo.

Eu nunca tinha me deixado enfeitiçar tão rapidamente por um lugar. Para mim, até o som das vozes humanas era sedutor: o português do Brasil parecia falado por lábios adormecidos de tanto beijar. Não é de admirar que eles acreditassem que os botos cor-de-rosa pudessem mudar de forma e seduzir as pessoas. A Amazônia certamente me seduziu.

Na verdade, cada uma das minhas quatro viagens esteve envolta por algum tipo de encantamento. O primeiro dia na água terminou com uma chuva de raios cor-de-rosa – como se fosse uma mensagem, uma promessa, dos próprios botos. Na minha segunda viagem, desta vez ao Peru, encontrei Gary Galbreath, biólogo evolucionista por cuja alma generosa e vasto conhecimento me deixei atrair como uma pessoa faminta que se atira sobre uma gigantesca árvore frutífera. Ele me mostrou como viajar no tempo, percorrendo o passado pré-histórico, quando os ancestrais peludos e pesadões dos golfinhos caminhavam pela terra até se transformarem em criaturas tão perfeitamente adequadas para a água. E suas contribuições não pararam por aí: apesar de não perceber isso na época, o meu livro seguinte, assim como dois livros infantis, nasceram desse nosso encontro na Amazônia.

Como se tivessem lançado um feitiço, os botos cor-de-rosa tomaram conta do meu coração. Eu os segui de todas as maneiras possíveis: voltei no tempo; tentei segui-los com telemetria; os segui no reino dos espíritos, tomando ayahuasca, uma bebida alucinógena, sob a orientação de um xamã, para comungar com os poderes das águas; eu os segui através das histórias que as pessoas contam sobre o mito dos botos que mudam de forma e se transformam em seres humanos para seduzir as pessoas nos bailes, enganando-as e levando-as para o Encantado no fundo do mar.

E na minha última viagem para a Amazônia, eu me juntei aos botos de lá. Em uma praia deserta de areia branca junto ao Tapajós, rio de águas azuis no estado do Pará, eu nadava todos os dias cerca de quinhentos metros. Eu ficava dentro da água, quase louca de tanta ansiedade, e, então, sete botos apareciam como num passe de mágica e nadavam ao meu redor. Eu conseguia sentir a corrente que seus corpos faziam ao se movimentarem na água. Às vezes, um deles tirava a cabeça da água e seus olhos cinza encontravam os meus. Naquelas águas azuis cristalinas, cercada por botos cor-de-rosa, eu me sentia em êxtase total.

Muitas e muitas vezes, quando as pessoas do lugar ficavam sabendo que eu estava nadando com os botos, elas me preveniam usando a mesma frase: "Cuidado com o boto!" Tenha cuidado, diziam, pois todo mundo sabe que eles podem seduzir você e levá-la para o Encantado, um mundo tão lindo que você nunca mais vai querer vir embora. E, sim, eu sentia a força desse desejo. Muitas vezes, enquanto realizava meu trabalho, eu segui um animal, entreguei minha alma, e conheci as coisas boas e tristes, os mistérios e as verdades, de um lugar diferente.

As pessoas costumavam me perguntar:

– Como é que você consegue ir para essas florestas perigosas?

Para mim, a viagem era uma alegria. Não me importava se havia piranhas na água, ou que minha pele queimasse a ponto de ficar cheia de bolhas, ou que as formigas invadissem a minha cama no meio da noite para beber o líquido das bolhas e festejar com minha pele morta. Quando estava com os botos, meu coração se enchia de alegria; não havia espaço para o desconforto ou o medo.

Mas viajar apenas não é suficiente. Poucas pessoas compreendem que o verdadeiro heroísmo está em escrever. Contar as histórias desses lugares, compartilhar as crenças acumuladas por aqueles que vivem perto da terra, ajudar a lembrar como podemos manter a Terra como um todo – essa é a parte difícil. O verdadeiro trabalho, a verdadeira transformação, se dá na minha escrivaninha em New Hampshire, quando estou cercada pelos animais familiares que tanto amo. Para dar sentido ao Encantado, para usar sua mágica, eu precisava da sensação reconfortante de estar em casa.

MAS EM HANCOCK, OS PROBLEMAS ESTAVAM SE AVOLUMANDO NO PARAÍSO do porco.

Cerca de seis meses depois da tempestade de gelo, Christopher começou a ter dificuldades para ficar em pé. Ele rolava e rolava, mas parecia que não conseguia fazer com que as pernas ficassem embaixo dele. Assustada, telefonei para Tom, o veterinário de Chris, que nós não víamos desde que precisamos cortar seus dentes. Foi então que descobrimos que ele não estava mais tratando de animais grandes. Telefonei para o veterinário de Tess, Chuck DeVinne, para pedir uma referência. Mas ele decidiu ver Christopher.

Eu não sabia, mas Chuck tinha muita experiência com porcos: quando freqüentava o Bethany College, em West Virginia, ele tinha ficado amigo de um porco de aproximadamente duzentos quilos, animal de estimação de um professor que andava livremente pelo campus. Entre a faculdade e a graduação em veterinária, ele havia trabalhado como vaqueiro em uma fazenda com gado leiteiro e cinqüenta porcos Yorkshire. Ali, ele encontrou um porco ainda maior – um porco que devia ter uns sete anos. Uma das primeiras decisões de Chuck como administrador da fazenda foi dar o porco para que alguém o criasse como animal de estimação – ele era pesado demais para conviver com os porcos mais novos em condições seguras.

Desde então, Chuck havia encontrado muitos outros porcos. Mas Christopher, então com nove anos, era o porco mais velho que ele já havia visto, e certamente um dos maiores. Depois de uma rápida olhada, Chuck fez o diagnóstico: com mais de trezentos quilos, Christopher Hogwood estava acima do peso.

Como é que Chuck poderia saber?

– Pelo formato do corpo – Chuck falou. – Pelo perfil. Nós temos que olhar para eles e conseguir ver a definição da espinha, o flanco.

Mas Christopher estava, como ele delicadamente observou "um pouco... amorfo". O peso extra simplesmente estava sobrecarregando suas juntas envelhecidas.

E como saber o quanto, exatamente? Fiquei aliviada em saber que ele não estava realmente *obeso*. Nosso porco estava melhor do que praticamente a metade dos norte-americanos adultos, que estão cerca de 30% acima do peso, ou mais, e por isso correm o risco de sofrer problemas cardíacos, diabetes e derrame. Proporcionalmente, Chris estava com metade desse excesso de peso – cerca de 15%. Ele estava mais para o sujeito de meia-idade que poderia muito bem perder por volta de dez quilos.

Só que no caso de Christopher, ele precisava perder cerca de quarenta quilos.

QUE HORROR! QUE HORROR! NOSSO PORCO FAZENDO DIETA! O QUE PODERIA ser mais injusto? No começo, eu fiquei arrasada com a perspectiva de separar Chris da sua comida – sua musa, sua alegria, seu Grande Poder. Mas Chuck me ajudou a ver que eu realmente não tinha escolha: para começar, se Chris continuasse gordo daquele jeito, ele não conseguiria ficar em pé para apreciar suas refeições. Era um raciocínio circular, tanto quanto o próprio Christopher, mas que eu não podia negar.

Howard e eu discutimos a questão. Teríamos que dar a Chris uma comida especial com poucas calorias? (Isso não existe.) Teríamos que adequar sua dieta a algo parecido com os Vigilantes do Peso? (Será que funcionaria sem um grupo de apoio?) Muitos dos meus amigos humanos estavam acostumados com o dilema das dietas e deram seus palpites. Gretchen era partidária da Atkins, mas concordamos que não daria muito certo com um porco vegetariano. Além disso, ele adorava carboidratos. Liz havia feito uma dieta com *shakes*, que ela chamava de "lavagem". Bom, lavagem não seria uma coisa ruim para Chris. A pergunta era: qual a quantidade?

Minhas amigas me fizeram prometer que, qualquer que fosse a dieta escolhida, se desse certo, eu iria compartilhá-la com o mundo: "Meu porco perdeu quarenta quilos com esta dieta". O *slogan* seria: "Se um porco consegue, você também pode". Liz brincou comigo, dizendo que finalmente eu teria um best-seller. As mulheres americanas iriam avançar nele.

Só que o livro seria composto por uma frase apenas. O que realmente acabou funcionando com Chris foi muito simples: um balde de comida por dia.

Ele ainda fazia pelo menos duas *refeições* por dia – só que eram menores. Ele ainda recebia suas delícias preferidas. Ainda tinha um menu variado, digno de um gourmet. Simplesmente diminuímos a quantidade. Pedi a todos que diminuíssem a quantidade, menos a do Fiddleheads. Para compensar as porções menores, eu procurava fazer com que as refeições de Chris fossem mais lentas: tudo o que não fosse muito pegajoso eu lhe dava com a minha mão, mostrando cada pedaço que eu ia tirando do balde.

– O que é que nós temos aqui? – eu perguntava, pegando um pedaço amarelo de algo esfarelado no meio de uma mistura de sopa de cogumelo e massa para fazer panquecas.

– Uhnnnn? – ele perguntava, alterando a cadência de seu grunhido enquanto erguia as sobrancelhas.

– Um *delicioso* pedaço de broa de milho! – eu anunciava.

– Uhnnnnnnn! – ele respondia. E eu colocava o pão em sua boca aberta. Enquanto ele mastigava, eu atirava o frisbee para Tess, e depois procurava outra iguaria no balde.

– E que tal um pedaço de... o que? Moussaka? Lasanha vegetariana? Você escolhe.

– Uhn. Uhn. Uhn.

E assim íamos. Eu escolhia, pegava e dava. Ele falava, grunhia e mastigava.

O cacarejar das galinhas, os latidos de Tess quando trazia de volta o frisbee, a narração do menu e sua recepção – eu não sabia disso, mas Howard gostava de acompanhar tudo pela babá eletrônica.

As refeições eram longas. E confusas. E profundamente gratificantes para nós dois. Embora desse menos comida para Christopher, ele me mostrava o quanto apreciava cada bocado.

E, à medida que o peso de Hogwood foi diminuindo lentamente, a situação de suas juntas melhorou. Quando Chuck voltou para vê-lo, disse que Chris era bastante ativo para sua idade.

Tenho certeza de que Chris preferiria ter mais comida. Essa foi uma das poucas vezes em que eu ditei as regras. Em todas as outras ocasiões, a opinião do porco prevaleceu. E isso foi bom, porque na maioria das vezes ele estava certo.

ERA O ÚLTIMO DIA DE AGOSTO – UM DIA DOURADO, DESEJAVELMENTE LINDO, com o aroma das maçãs florescendo no ar, que pulsava com a cantoria dos grilos e o zunir das asas das libélulas.

Esse era o tipo de dia para passar fora de casa. Nós simplesmente não conseguíamos resistir. Para mim, esses dias eram sagrados, e eu achava que tinha o dever de respeitá-los. Mesmo que isso significasse trabalhar até as nove da noite durante os outros dias da semana, e também no fim de semana, nesses dias extraordinários fazíamos uma longa caminhada na companhia de Tess ou passávamos algumas horas observando as mobelhas procurando comida no lago. David Carroll, amigo nosso, especialista em tartarugas, artista e escritor, que morava a uma hora de carro da nossa casa, chamava essa atividade de "encontro marcado com a estação". Quando as salamandras despertavam para seu acasalamento em massa na primeira noite quente e chuvosa de abril, quando as tartarugas emergiam de sua hibernação em março, nas noites de luar de junho em que se acasalavam, bem, ele tinha que estar ali, de qualquer maneira. Um dos encontros pelo qual eu me dispunha a abrir mão de qualquer coisa acontecia em agosto, quando as plantações de blueberry amadureciam. Selinda e eu passávamos horas colhendo baldes e baldes, para fazer torta de blueberry, muffins de blueberry, panquecas de blueberry e para comer só a fruta com cereal no café-da-manhã. E congelávamos o resto para depois fazer geléia, que dávamos de presente no Natal. Howard deu nome à geléia: "A Escolha de Hogwood – a geléia que os porcos escolheriam se os porcos pudessem escolher", e eu fiz as etiquetas para colocar nos vidros.

Mas nos últimos tempos, dias maravilhosos haviam passado por nós. Fazia anos que estávamos enlouquecendo com os prazos para entrega de trabalhos. Howard ainda estava promovendo seu último livro, preparando-se para publicar outro e fazendo circular a proposta para um outro, para o qual estava fazendo uma pesquisa na biblioteca de Keene. Eu havia chegado a uma situação em que não tinha tempo nem para cortar as unhas, muito menos limpar o banheiro, e havia pêlos de cachorro por toda a casa. Eu agora estava escrevendo para o rádio e fazendo o roteiro de um filme, para o público adulto e infantil. Eu tinha feito a pesquisa para o meu primeiro livro infantil nas cavernas de Manitoba, no Canadá, onde vivem 18 mil cobras garter. (E o que elas estavam fazendo lá? Copulando em imensas bolas de até duzentas cobras – cena que as crianças certamente iriam adorar e que provavelmente deixaria os adultos estarrecidos.) Nesse mesmo ano eu faria quatro viagens para a Amazônia e filmaria *Mother Bear Man*. Agora eu estava desenvolvendo propostas para outros livros infantis, assim como um outro projeto que me levaria, junto com Gary Galbreath, a uma expedição para tentar encontrar um misterioso urso dourado no sudeste asiático.

Assim, nesse dia maravilhoso de agosto eu estava presa em meu escritório. O trabalho que eu estava fazendo nada tinha de criativo. Estava resolvendo detalhes, fazendo telefonemas, enviando *e-mails* e fazendo a edição. Estava me sentindo presa ao computador. Pelo menos Christopher poderia aproveitar o sol. Por isso resolvi ir lá fora e deixá-lo tomando sol no Platô do Porco.

Mas Christopher tinha outros planos. Quando abri o portão, Christopher saiu ansioso. Mas não demonstrou qualquer interesse pela lata de grãos que eu sacudi. Ele começou a caminhar na direção errada – para *longe* do Platô, na direção da casa. Eu corri para pegar um balde com restos de comida, e lhe mostrei pedaços de queijo, *bagels* velhos. Mas ele não se mostrou interessado. Sem que eu soubesse, um dos netos de Bobbie e Jarvis tinha acabado de lhe dar um balde de maçãs. Christopher não estava com fome.

E também não estava com pressa. Ele não parecia ter qualquer destino definido. Christopher Hogwood resolvera sair para um passeio. Ele arrancou um pedaço de grama com o nariz.

– Não, não, Chris! Não faça isso! – eu gritei. – Pare! Pare com isso!

Chris não conseguia entender por que eu não estava gostando daquilo, provavelmente porque a simples idéia de um gramado é evidentemente absurda. As pessoas vêem o gramado como algo que se rega e se apara, e em muitos casos se fertiliza e envenena. A visão de Christopher era muito mais saudável. A grama servia para comer, cheirar e arrancar.

Depois de fazer um buraco do tamanho aproximado de um porco, Christopher resolveu prestar atenção à minha bronca e continuou seu passeio. Ele foi caminhando na direção da casa e bateu nela com seu nariz, fazendo cair uma tábua.

– Não, não! Isso é horrível! Você está sendo horrível, deixe a parede!

Chris olhou para mim como se eu estivesse ficando louca e grunhiu "Uhn!". O seu grunhido queria dizer tudo. "Tudo bem. Eu vou encontrar outra coisa pra fazer." Ele deu mais alguns passos e, então, sem muito esforço, arrancou uma placa de madeira da varanda dos fundos.

– Não, não, seu Porco! Vamos lá, vamos para o Platô!

Eu não estava com tempo para isso. Estava pensando na lista de coisas para fazer em meu escritório. Telefonemas. *E-mails*. Correção de originais. Eu estava atrasada com a minha coluna para o *Globe*. Precisava preparar o comentário que havia prometido à rádio pública.

Mas Christopher estava obedecendo a um chamado mais elevado: o chamado inebriante da grama verde e do sol, do doce aroma da terra em um dos últimos dias de verão.

Ele ficou vagando pelo quintal dos fundos, parando de vez em quando para enfiar o nariz no gramado e fazer buracos aqui e ali. Lentamente, ele se encaminhou para o campo cercado, que naquela hora não tinha nenhum cavalo. Com a ponta do focinho, abriu tranqüilamente o portão, que eu nem consigo levantar, e entrou no pasto.

Calmamente, Cristopher ficou passeando pelo campo de quatro acres. Na outra ponta estava a estrada 137. Eu precisava detê-lo. Os grãos não iriam funcionar, os restos de comida também não. Só havia uma coisa a fazer.

Caminhando ao lado dele, eu comecei a acariciar sua barriga e murmurar nosso mantra favorito: "Bom, bom porquinho. Grande porquinho. Lindo, lindo porco. Bom... bom... bom." Ele se jogou no chão e começou a rolar de alegria. E então eu me deitei ao lado dele, debaixo de uma macieira. Enquanto ficasse ali, acariciando sua barriga, ele não iria embora. E foi assim que passei aquela tarde: deitada ao lado de alguém que eu amava, observando as nuvens e as libélulas, e o sol brilhando através das folhas da macieira.

Foi um feriado não programado no meio de uma semana de trabalho. Algumas pessoas dizem que a felicidade vai se instalando devagarzinho, como uma borboleta. Às vezes é assim. Mas às vezes a felicidade vem andando desajeitadamente na sua direção, como um porco gordo e satisfeito – e então, com um baque, grunhindo, pára do seu lado.

Capítulo 11

Na saúde e na doença

— UM PORCO MALHADO DE PRETO E BRANCO ENTROU NO NOSSO gramado. — O telefonema naquela manhã de domingo parecia familiar. — Ele é seu?

Eu tinha acabado de dar comida para Christopher no chiqueiro quando voltei e o telefone tocou. Ultimamente, ele já não fugia tanto. Howard disse que Chris lembrava um gerente daqueles grandes times de beisebol. "Sabe aquele sujeito cujo corpo já está perdendo a forma, mas que ainda é obrigado a usar um uniforme igual ao dos jovens? Quando têm de ir falar com o treinador, eles aparecem correndo, às vezes tentando acompanhar o ritmo de algum jogador, mas depois que passam a linha do campo, voltam a andar."

Nosso porco agora estava assim. Ele não saía mais do chiqueiro como se fosse uma bala de canhão. Às vezes saía trotando. O mais comum era, simplesmente, sair. E às vezes precisava ser empurrado. Depois de sair, ele poderia vagar, mas raramente ia para longe. Era pouco provável que estivesse visitando as pessoas que estavam telefonando: Bud e Sarah Wilder moravam a mais de um quilômetro de distância.

Pela primeira vez, pude responder com toda a segurança que não, que devia ser o porco de outra pessoa.

E, na verdade, era. Nós fomos oferecer nossa ajuda aos Wilder e encontramos um lindo exemplar da raça Gloucestershire Old Spot, com suas típicas orelhas caídas. Seu nome era Annabelle e pertencia aos Primiano, que moravam do outro lado da rua. Annabelle estava comendo a grama, toda feliz, como se estivesse simplesmente matando o tempo enquanto os Primiano não apareciam para buscá-la com seu reboque.

Embora ainda considerasse Christopher o epítome da beleza suína (e eu preferia suas orelhas altas e peludas às lindas orelhas moles de Annabelle), fiquei com inveja da juventude de Annabelle. Christopher agora já era um senhor respeitável. Ao dez anos, já havia passado a média de vida de um porco. Nunca soubemos qual era exatamente a expectativa de vida de um porco, mas Chris certamente havia vivido pelo menos nove anos e meio a mais do que todos os seus companheiros de ninhada.

Com as graças da velhice suína, chegaram também os incômodos típicos da idade. Apesar de termos aliviado a pressão sobre suas juntas com a dieta, agora ele estava com artrite. Por recomendação de Chuck, estávamos dando a ele uma ração para cavalo com sabor de melaço, que era uma versão da glucosamina, usada no tratamento das juntas, além de um remédio para dor, fenilbutazona, que colocávamos junto com suas refeições duas vezes por dia. Para que não tivesse problemas de estômago, nós também lhe dávamos antiácidos, em grande quantidade. (Quando ia ao atacadão em Keene, Howard trazia até vinte pacotes desse negócio. Todos os dias, de manhã e à noite, eu misturava os remédios de Chris com algum bolinho do Fiddleheads, e se estivéssemos sem bolinhos, eu fazia sanduíche com manteiga de amendoim.

Christopher também havia desenvolvido o que chamávamos de calvície suína. Não na cabeça, mas a calvície ia ocupando um pedaço cada vez maior do corpo na região entre o pescoço e os ombros. Chuck tirou algumas amostras para verificar se havia algum tipo de ácaro ou doença. Mas não, ele estava perdendo "cabelos" por causa da idade.

Na verdade, os porcos são tão parecidos conosco que acabam sofrendo as mesmas aflições. Quando Chris fez 12 anos, sofreu o que nos seres humanos é conhecido como isquemia transitória, ou miniderrame. Eu percebi imediatamente o que estava acontecendo porque havia acontecido a mesma coisa com Tess algumas semanas antes.

Em uma manhã de junho, quando estávamos acordando, ela caiu. Pensei que fosse por causa da artrite. Tess já estava com 14 anos, e por causa da idade e do acidente que sofrera quando pequena, às vezes levantava com problemas para caminhar e até mancava. Mas então reparei em seus olhos – ela parecia tonta, como se estivesse bêbada. Telefonei para a casa de Chuck e ele disse para darmos a ela três comprimidos de aspirina infantil. Depois nós a levamos para fazer um exame de sangue, para ter certeza de que nenhum órgão havia sido afetado; o que não acontecera. Quando voltamos para casa, estávamos tão assustados e cansados que passamos o resto do dia dormindo. Mas na manhã seguinte, muito alegre, ela estava brincando com sua bola.

Aconteceu a mesma coisa com Christopher naquele mesmo verão – só que numa escala maior. Em um certo domingo, ele não levantou. Quando finalmente consegui colocá-lo de pé, sua enorme cabeça pendeu para o lado. Uma pupila estava dilatada e ele balançou tanto que pensei que fosse cair. Como não consegui falar com Chuck, Liz veio correndo. Calculamos a dose adequada de aspirina e as amassamos com *cookies* de chocolate. Na manhã seguinte, Chris estava muito melhor, como acontecera com Tess.

Nós sabíamos que tínhamos tido sorte. Nossos animais agora estavam praticamente com a idade biológica de nossos pais. Tanto o pai quanto a mãe de Howard tinham passado por um susto por causa de um câncer, mas agora estavam bem. Minha mãe estava com pressão alta e outros problemas circulatórios, mas ainda era uma mulher ativa. Tínhamos consciência dos problemas trazidos pela idade, mas também sabíamos que a vida pode ser rica, longa e vibrante. Tínhamos a mãe de Liz, Lorna, como exemplo disso.

Aos 97 anos, ela finalmente havia concordado em se mudar para a casa de Liz e de Steve. Ela ainda dirigia, mas sentia dores nas articulações de vez em quando, e as escadas de sua casa em Cambridge estavam começando a se tornar um problema. Lorna publicou seu último livro quando tinha 100 anos; Liz e Steve montaram uma tenda no quintal dos fundos e fizeram uma grande festa para o lançamento. Eles trouxeram um filhote de leão e um tigre adolescente de um zoológico particular para se misturarem aos convidados, que tinham vindo de lugares distantes, como a Austrália, para participar da celebração. Depois disso, Lorna continuou a receber amigos e admiradores durante alguns anos até a noite em que pronunciou suas últimas, e amorosas, palavras:

– Deus te abençoe – ela disse para Liz. Então fechou os olhos e morreu em paz, em casa, cercada por aqueles que amava, poucas semanas antes de completar 104 anos.

Embora estivessem envelhecendo, nossos animais estavam em boas condições. Tess ainda encantava as visitas com sua esperteza e jeito atlético. Ainda tinha mais energia do que muita gente conhecida. Ainda pulava para pegar o frisbee. Ainda ficava atenta a cada movimento que fazíamos. Não importava a hora do dia, e nem mesmo a falta de contato visual, Tess percebia quando estávamos indo até a parte de cima do celeiro procurar alguma coisa e chegava na frente. Ela sabia, mesmo antes de virarmos na parte de baixo, se estávamos indo apenas ver Chris ou as galinhas. Ela ainda fazia tudo o que pedíamos, normalmente antes de expressarmos nossa vontade em voz alta.

Mas um dia, distraída por algum odor interessante, Tess deixou que o frisbee caísse na grama alta. Normalmente, quando isso acontecia, tudo o que Howard precisava fazer era lembrá-la, usando um tom de voz normal e sem apontar a direção, onde estava o brinquedo, e ela iria até lá para buscá-lo. Mas desta vez ela olhou para ele sem entender. E então percebemos que Tess estava surda – provavelmente há meses.

Christopher continuava a reunir admiradores para o Salão de Beleza do Porco. Ele conquistou novos fãs quando a família Miller-Rodat veio de Los Angeles e comprou uma casa na cidade. Amigos comuns nos apresentaram a Mollie e Bob porque Bob Rodat havia escrito o roteiro de um dos meus filmes favoritos, *Voando para casa*, a respeito de gansos órfãos cujo pai adotivo voa com eles em sua primeira migração. Depois, Bob escreveu o roteiro de *O patriota*, *O resgate do soldado Ryan* e muitos outros. E nós éramos famosos por causa do nosso porco gigante. Não demoramos a marcar uma data para que Chris conhecesse os filhos de Mollie e de Bob: Jack, sete, e Ned, quatro anos.

Jack impressionou os colegas de classe com as anotações que fez em seu diário no dia 25 de agosto: "Hoje nós fomos dar comida para o nosso amigo Christopher Hogwood", ele escreveu. "Ele fugiu e saiu correndo pelo quintal.

Derrubou uma porção de coisas. Ele cavou um buraco enorme no quintal dos fundos. Quando fomos dar a comida, despejamos em sua cabeça." Como se tivesse lembrado depois, Jack acrescentou: "Ele é um porco."

Em pouco tempo, Jack e Ned estavam juntando cascas de bananas e restos de comida; como a família passava parte do tempo em outra casa em Massachusetts, eles congelavam tudo.

– Às vezes não podíamos comprar coisas para nós porque nosso congelador estava cheio de comida para o Christopher – Mollie contou. – Nosso sorvete cheirava a espiga de milho e panqueca velha, mas não ligávamos pra isso. Sabíamos o quanto ele iria gostar.

Quando vinham para Hancock, cada um dos meninos trazia um ou dois amigos para o dia do Salão de Beleza.

– Fazia parte do programa de atividades em Hancock. Ver a pedra do Elefante. Ver o lago Spoonwood. Balançar numa corda sobre o lago. E visitar Christopher – disse Mollie.

Um dia, depois do Salão de Beleza, Christopher se deitou com tamanha felicidade, que Jack pensou em se juntar a ele. Delicadamente, e com todo o respeito, Jack subiu em cima de Chris e pousou sua cabeça em seu ombro. A pele de Chris parecia feita de papelão e seus pelos espetavam, mas Jack ficou encantado. Ele conseguia ouvir sua respiração. E sentir a batida de seu enorme coração.

– Ele foi muito gentil e muito legal – Jack falou. – Foi muito, muito bom. – Depois os meninos trocaram, e foi a vez de Ned ficar em cima de Christopher.

O mais impressionante é que Christopher não fez qualquer objeção. Se estivesse sentindo qualquer desconforto, não teria a menor vergonha de mostrar. Até mesmo Bob, que entende muito mais de pessoas do que de animais, e que a princípio estava receoso pela segurança dos meninos, percebeu isso.

– Ele estava gostando de ter Jack e Ned em cima dele. Ele parecia não querer que aquilo acabasse – Bob comentou.

Mollie tirou uma foto e esse foi o nosso cartão de Natal naquele ano.

O tempo tinha sido bom conosco: nossos animais estavam mais velhos, mas ainda eram vigorosos. Howard estava feliz trabalhando em um novo livro. Eu havia passado o outono na Guiana fazendo pesquisas para um novo livro infantil sobre tarântulas.

Porém, pouco antes dessa viagem, eu havia feito outra muito mais importante: tinha ido até a Virgínia visitar minha mãe. Eu havia passado dois anos entre idas e vindas com Gary até o Camboja, a Tailândia e o Laos atrás de um misterioso urso dourado que a ciência ainda não conhecia, e que nós encontramos. Eu havia dedicado o livro que resultara desse trabalho à minha mãe, e nós comemoramos em uma livraria local com uma sessão de autógrafos e leitura que contou com a presença de todos os seus amigos. Naquele instante, percebi que, independentemente de tudo o que havia acontecido entre nós, ela tinha orgulho de mim. Foi a primeira vez que passei a noite em sua casa desde a morte de meu pai.

Parecia uma boa maneira de encerrar o ano: todos aqueles que eu amava estavam bem, e estava tudo bem com o mundo.

Nosso cartão de Natal naquele ano dizia: "Paz".

E, ENTÃO, NUMA TARDE DE QUARTA-FEIRA DO MÊS DE MARÇO, MINHA MÃE começou a morrer.

Descobrimos que havia alguma coisa errada poucos meses antes. Ela recebera as más notícias no dia de Martin Luther King Jr., mas não me telefonou. Esperou pelo meu costumeiro telefonema de domingo após a missa. Ela havia procurado seu médico em Ft. Belvoir por causa de uma dor de estômago e descobriu que estava com câncer no pâncreas. Os médicos lhe deram um ano.

Foi assim que retomei minhas viagens constantes para a Virgínia. Howard ainda não era bem-vindo. Ele ficava em casa, trabalhando em seu livro e cuidando de nossos velhos animais. Ela começou a fazer uma quimioterapia leve para retardar o avanço da doença, contratei enfermeiras e empregadas, eu cozinhava e deixava o freezer cheio de congelados.

Mas a doença avançou muito rapidamente. Naquela quarta-feira estávamos a apenas quatro dias da mudança para uma clínica elegante que havíamos escolhido, e que ficava a poucos quilômetros de distância da casa de minha mãe. Para minha surpresa, ela estava ansiosa pela mudança; ela teria o melhor dos dois mundos. Manteríamos a casa, e todas as vezes que eu fosse para a Virgínia ficaríamos juntas ali, onde eu poderia tomar conta dela.

Planejamos passar muito tempo juntas nos meses que tínhamos pela frente. Eu não conseguiria sua aprovação, mas poderia descobrir mais coisas a respeito dela. Eu não faria com que ela amasse o homem com quem eu havia me casado, mas eu poderia aceitar o amor que ela tinha para me dar, e amá-la também. Teríamos dias bons, que passaríamos conversando, recordando, olhando os álbuns de fotografias.

Enquanto meu pai estava vivo, ele dominava as conversas, pois eu e minha mãe o adorávamos e prestávamos atenção a tudo o que ele dizia. Agora, pela primeira vez na vida, eu iria descobrir detalhes de sua juventude no Arkansas: como ela havia aprendido a atirar e a pilotar um avião, como havia sido recrutada na Universidade de Tecnologia para trabalhar no FBI. Eu descobriria como haviam sido os primeiros dias de namoro e do casamento com meu pai. Falaríamos de tudo com calma, amorosamente – das lembranças, das jóias, das relíquias de família – e fazendo isso, quando sua vida estava chegando ao fim, eu finalmente teria a chance de conhecer minha mãe, sempre tão elegante e enigmática. Guardaríamos cada momento tão cuidadosamente quanto embalamos os enfeites de vidro da árvore de Natal, e diríamos adeus de forma digna e gentil.

Mas isso não aconteceu.

Naquela quarta-feira, quando telefonei para minha mãe, como fazia todos os dias desde que soube do câncer, ela não atendeu. Falei com a enfermeira, e ela me disse que estavam indo ao médico. Quinze minutos depois, telefonei para o médico, e ele me disse que estavam indo para o hospital. Quando telefonei para o hospital, eles me disseram que ela estava morrendo.

Fiz uma reserva no primeiro vôo para Washington e pedi a Liz que me levasse até o aeroporto. Às sete horas eu estava no avião, às dez estava junto à sua cama.

Ela havia tomado morfina por causa da dor, mas estava lúcida. Depois de meia hora, insistiu para que eu fosse para casa dormir. Eu estava com medo de fazer com que ela ficasse acordada por minha causa, não queria que gastasse sua energia. Conversei com as enfermeiras. Elas me disseram que minha mãe teria uma noite tranqüila.

Mas em minha casa as coisas não estavam tranqüilas.

O telefone tocou às quatro da manhã. Era Howard.

– Tess está tendo um derrame! – ele disse. Ela teve diarréia, caiu, vomitou e não conseguia se manter de pé. Estava ofegante e agitada. – O que é que eu faço?

PESADELOS DESSE TIPO HAVIAM ME PERSEGUIDO ENQUANTO EU ESTAVA no sudeste asiático fazendo a pesquisa para *Search for the Golden Moon Bear*. Eu sonhava que Tess ou que Chris estavam doentes e eu não conseguia chegar a tempo, e, então, acordava gritando.

Às quatro horas daquela manhã, com a minha mãe em seu leito de morte e Tess sofrendo em New Hampshire, eu senti que a situação não poderia ser pior. Meu coração estava dividido. Muitas pessoas ficariam chocadas com a idéia de que uma filha pudesse temer pela vida de um cachorro quando se encontrava diante da morte de sua própria mãe. Mas nos dias que passei ao lado de minha mãe no hospital, meus pensamentos ficaram divididos entre ela e Tess.

Como poderia acontecer uma coisa dessas? Deixando de lado a questão das espécies, eu conhecia Tess há apenas doze anos. Eu conhecia minha mãe há 45. Minha mãe tinha me dado a vida. Mas eu não havia escolhido a vida que ela queria para mim, e esse era um pecado que ela jamais perdoaria. Desde cedo, minha mãe havia aprendido a conseguir o que queria, e tinha funcionado: a filha de um vendedor de sorvete e de uma funcionária dos correios da empoeirada cidade de Lexa tinha ido para a faculdade, aprendido a pilotar um avião, conseguido um trabalho charmoso em Washington e casado com um herói de guerra. Eu fora sua primeira grande decepção na vida. Apesar de me amar, havia algumas condições, e durante a maior parte da minha vida, atendi a poucas delas.

Eu era a pessoa de Tess. Éramos uma unidade. Éramos família. Eu a amava tão profundamente, como ela também me amava tão intensa e fortemente, que eu acreditava que meu amor poderia fazer Tess viver. Eu sabia que não poderia fazer isso por minha mãe. Sua pessoa era meu pai, e ele já havia ido para um lugar que ela estava ansiosa por encontrar. Mas eu sabia onde precisava estar naquele momento: no hospital na Virgínia, ao lado de minha mãe, onde talvez ainda houvesse esperança para outro tipo de cura.

NO DIA SEGUINTE, MINHA MÃE ESTAVA CANSADA, MAS FELIZ COM A COMPANHIA. Eu só saía quando outras pessoas vinham vê-la. Fiquei emocionada ao ver quanta gente apareceu no hospital: mulheres da vizinhança, amigos da igreja, velhos amigos do exército, colegas de bridge, membros da Liga das Senhoras de Villamay, mulheres do clube de costura. Nesses momentos, eu ia até o telefone do corredor e ligava para Chuck para saber de Tess.

Chuck me contou que Tess não havia tido um derrame. Seu problema era conhecido como Síndrome Vestibular Periférica. Ninguém sabe qual é a causa, mas qualquer que seja a razão, o animal tem vertigens tão fortes que não consegue ficar em pé, andar ou comer, porque seu mundo fica girando – às vezes durante semanas. A saída, disse Chuck, era tentar encontrar uma maneira de alimentá-la e de evitar que contraísse outra doença enquanto esse problema não se resolvesse, ou enquanto seu cérebro brilhante de border collie não encontrasse uma forma de compensar.

A ocasião não poderia ser pior. Howard precisava viajar para Pittsburgh naquela tarde para apresentar uma palestra na sexta. Devido à ansiedade de Tess diante das separações, naqueles últimos doze anos sempre cuidamos para que ela nunca passasse uma única noite longe de pelo menos um de nós, a não ser que ficasse com Evelyn, onde ela tinha vivido antes de vir para nossa casa. Sempre estávamos com ela cada vez que precisava ir ao veterinário, e não a deixávamos nem um minuto sozinha. Agora ela teria que suportar a pior noite de sua vida desamparada, presa em uma gaiola numa clínica veterinária, com o mundo girando inexplicavelmente ao seu redor.

Tess estava aterrorizada, mas minha mãe não estava triste nem assustada. A morte não a incomodava de forma alguma. Nós tínhamos conversado um pouco a respeito desse assunto nas semanas anteriores. Para ela, a morte significava o portal para ir ao encontro do meu pai. Ela estava ansiosa para encontrá-lo no Paraíso. Somente uma coisa a incomodava: ela estava incrivelmente preocupada com a possibilidade de meu pai não estar lá.

– Mas é claro que está – eu disse, escandalizada. Como é que meu pai poderia não merecer o Paraíso? – Se meu pai não estiver lá – eu disse –, então o Paraíso está cheio de idiotas, e eu não vou pra lá.

Os meus protestos não acalmaram minha mãe. Sua preocupação era a seguinte: apesar de se dizer católico romano, ela não tinha certeza de que ele *realmente acreditasse em Jesus*. Ela temia que o Paraíso excluísse aqueles que não acreditavam – o que condenaria meus amigos hindus de Bengala Ocidental, meus amigos budistas do sudeste asiático, a maioria dos meus colegas cientistas (que eram ateus ou agnósticos), Liz (que acreditava em Gaia), Gretchen (uma animista), Selinda (atéia), meus sogros e meu marido.

Naquele momento me arrependi amargamente de ter falado com minha mãe a respeito de um telefonema que eu recebera antes de ela ficar doente. Uma prima cuja existência eu desconhecia – filha do irmão de meu pai, que morrera antes do meu nascimento – havia lido uma crítica sobre um dos meus livros e encontrara meu telefone na internet. A princípio, fiquei em dúvida se tínhamos realmente algum parentesco. Mas depois que ela me contou detalhes da história da família de meu pai, eu percebi que ela estava falando a verdade. E também percebi que sua versão era completamente diferente do que me haviam contado.

Ao contrário do que eu acreditava, os ancestrais do meu pai não eram escoceses ou ingleses. O meu avô paterno, cantor de ópera, era italiano. Seu nome era Montegriffo. Seu filho, meu pai, nascido nos Estados Unidos com cabelo loiro e olhos azuis, mudou o nome para Montgomery. Brilhante e ambicioso, foi cortejado por muitos escritórios de advocacia quando se formou em direito. Mas os italianos não eram levados em consideração quando se falava em advocacia nos Estados Unidos. Por isso meu avô – e meu pai – nunca falaram de suas origens.

A mãe de meu pai também era advogada, algo de que me orgulhava enquanto crescia. Isso era tudo o que eu sabia a respeito dela, isso e a foto enorme de quinze centímetros em um porta-retrato oval dourado que ficava em uma escrivaninha do quarto de hóspedes. Morena bonita e elegante, ela usava pérolas e um chapéu com uma pena. Sempre me disseram que ela se chamava Augusta Black. Mas a minha prima me contou que seu verdadeiro nome era Augusta *Schwartz*. Era a palavra íidiche correspondente a Black. Minha prima contou que os pais de minha avó haviam imigrado da Áustria para os Estados Unidos para fugir da perseguição religiosa. Ela era judia. Seu diploma de advogada havia sido financiado pela B'nai B'rith. É claro que, ao se casar com meu avô, ela adotou seu novo sobrenome, americanizado, e todas as evidências relativas às suas origens desapareceram. Mas isso não fazia diferença para a lei judaica, ou para a tradição de que toda a criança nascida de mãe judia também é judia, independentemente de quem seja o pai.

Quando falei sobre essas coisas com minha mãe, houve um longo silêncio. Percebi que jamais deveria ter feito qualquer comentário a respeito desse assunto. Já era um milagre que eu e minha mãe ainda conseguíssemos nos amar depois de tudo o que havia acontecido; não havia nada que pudesse fazê-la aceitar o meu marido. Mas eu certamente não tinha qualquer intenção de ferir seu amor-próprio. A minha mãe confirmou que a mulher que havia telefonado era realmente minha prima, mas sua versão da história não estava correta. Ela mudou de assunto e nunca mais falamos disso.

Somente após a morte de minha mãe foi que eu descobri, por meio de um velho amigo da família em quem meu pai havia depositado sua confiança, a que ponto meu pai havia chegado para esconder seu segredo: durante toda a vida dele, minha mãe jamais descobriu que seu marido, como o meu, era judeu.

O MÉDICO FOI FRANCO: NÃO HAVIA NADA QUE PUDESSEM FAZER PELA minha mãe, além de lhe dar morfina. Por isso dormi ao lado dela todas as noites, segurando sua mão. Uma vez ela levou minha mão até sua boca e a beijou. Depois disso, ela não falou mais. E não precisava dizer mais nada. Eu disse apenas o essencial.

– Eu te amo, mãe. Estou aqui. – Isso foi tudo. E foi o suficiente.

Durante aqueles dias eu acabei conhecendo os amigos que apareciam em suas cartas semanais, pessoas que encontrara apenas brevemente. É claro que alguns amigos eu já conhecia de quando morávamos na Virgínia: os nossos vizinhos, para quem eu cheguei a trabalhar como babá. Os vizinhos cujo quintal dos fundos dava para o nosso, cuja filha havia me mostrado o lago e me ensinado a procurar tartarugas. Minha mãe também tinha muitos amigos no exército, especialmente no setor de transporte. Mas desde a morte de meu pai, ela havia feito novos amigos: Scott Marchard, que também era do estado natal de minha mãe, o Arkansas, homem elegante na casa dos 40, tinha uma floricultura e costumava sentar ao seu lado na igreja. As enfermeiras do hospital achavam que era seu filho. Silver Crossman, solteirona pouco mais velha do que eu, que tinha um cachorrinho adorável chamado Summer. Durante muitos anos minha mãe havia se referido a Silver como "filha número dois". Em sua viuvez, minha mãe havia se cercado por uma família alternativa, como eu.

Enquanto eu estava na Virgínia, a minha família alternativa fazia o que se espera dos parentes: cuidavam daqueles que eu amava na minha ausência. Enquanto Howard estava em Pittsburgh, Gretchen e Liz foram visitar Tess na clínica veterinária. Antes, Liz foi até a nossa casa, pegou o casaco que eu usava no celeiro e o colocou na gaiola ao lado de Tess para que ela pudesse sentir o meu cheiro. Depois Liz me contou que nesse instante as orelhas de Tess relaxaram imediatamente, ela soltou um suspiro e exibiu uma expressão tranqüila, e, então, fechou os olhos.

Jarvis, Bobbie e nosso novo inquilino cuidaram de Chris e das galinhas. Quando Howard voltou e encontrou o piso do galinheiro coberto de água por causa da neve derretida, Ken, o marido de Selinda, apareceu com uma bomba de sucção – Howard não podia deixar Tess sozinha em casa e sair para comprar uma. Para fazer Tess comer, Selinda lhe trouxe bolinhos de carne feitos em casa; Gretchen lhe trouxe uma versão crua da mesma comida.

Enquanto isso, no hospital, os amigos de minha mãe iam e vinham: o pastor da igreja, uma enfermeira aposentada, Silver e Scott. E foi, então, que ela morreu, cercada por amigos, sem dor ou medo. Eu estava segurando sua mão.

DESDE A MORTE DE MEU PAI, TODOS OS ANOS MINHA MÃE ME CONVIDAVA para passar o Natal "em casa", na Virgínia. É claro que ela nunca convidou Howard. Por isso eu nunca fui.

O Natal não significava nada para Howard, mas era importante para mim. Tínhamos um ritual nas festas. Preparávamos um café-da-manhã especial para Chris. Eu fazia pipoca para as galinhas. Tess nos acompanhava quando íamos até a casa dos amigos para trocar presentes: às vezes na casa de Liz e Steve, às vezes na de Eleanor, às vezes na de Gretchen. Mas eu sempre gostei de começar o dia de Natal da mesma maneira que Jesus – em um celeiro.

Mas o Natal depois da morte de minha mãe foi diferente.

Naquela manhã, depois de ter dado a comida de festa para Hogwood, eu estava levando uma cumbuca de pipoca que tinha acabado de fazer para as galinhas quando encontrei uma galinha morta no chão do galinheiro. Sua cabeça estava enfiada em um buraco no canto. Eu me abaixei para pegá-la pelos pés, mas percebi que alguém estava segurando do outro lado da galinha!

Eu puxei e consegui soltá-la. E então, do buraco que ficava no canto surgiu uma cabecinha branca, olhando para mim com seus olhos pretos sem demonstrar medo algum. Era um arminho.

Arminho é o nome que damos a uma espécie de doninha de pequeno porte encontrada em New Hampshire, cuja pele é totalmente branca. Eu nunca tinha visto um. Eles medem cerca de trinta centímetros e são da cor exata da neve.

Sem recuar um centímetro, o arminho olhou para mim, diretamente nos olhos, durante uns trinta segundos. Eu jamais tinha visto um olhar tão forte e intenso, tão carregado. Os arminhos podem pesar uns cem gramas, menos do que um punhado de moedas. Mas eles são absolutamente destemidos. Não há nada que consiga impedi-los de capturar sua presa: eles se enfiam em túneis, caçam debaixo da neve, eles até pulam no ar para pegar os pássaros que se preparam para levantar vôo. Com seus pequenos corações batendo 360 vezes por minuto, os arminhos precisam fazer de cinco a dez refeições por dia. Eles são predadores porque precisam. Faz parte de sua natureza. É seu dharma – tão puro quanto o branco perfeito de sua pele.

O arminho tinha acabado de matar alguém que eu amava. Mesmo assim, não poderia me sentir mais surpresa, ou mais abençoada, mesmo que um anjo se materializasse na minha frente.

Meu sofrimento se foi. Segurando nos braços o corpo ainda quente da minha galinha, naquele momento eu senti a leveza de um coração aliviado do peso da raiva – e a liberdade que vem com o perdão.

Capítulo 12

Voltando à vida

Alguns anos antes, depois de fecharmos Chris no celeiro à noite, antes de irmos para a cama, Tess, Howard e eu jogávamos uma última rodada de frisbee no quintal. Em noites de lua cheia, Tess ficava muito bonita: seu corpo preto e branco correndo pelo gramado como um espírito, saltando para pegar o brinquedo com a boca, depois correndo de volta para nós, brilhando ao luar.

Mas ela era ainda mais bonita nas noites escuras, sem lua, quando nem conseguíamos vê-la. É claro que naquela época Tess enxergava perfeitamente no escuro. O *tapetum lucidum* – membrana refletora da luz que passa pela retina dentro do olho e que faz os olhos dos cães brilharem quando captam qualquer luz à noite – o guiava na escuridão, herança de uma raça de predadores capaz de caçar tanto de dia quanto à noite. Os seres humanos, como os porcos, não têm essa visão noturna. Mas podemos apreciar algo quase tão bom: a companhia de um cão.

Nós seguíamos Tess pela noite, ouvindo o barulho de suas passadas, onde o gramado descia e se igualava ao nível do campo. Então, sussurrávamos: "Tess, pega!" e atirávamos o frisbee no escuro. Um ou dois segundos depois, ouvíamos o barulho de seus dentes no plástico e sabíamos que Tess havia pulado no ar para pegá-lo. A cena era ainda mais bonita pelo fato de ser invisível. Era nosso pequeno milagre particular: cada vez que ela nos trazia o frisbee de volta, ela nos presenteava com o dom de se movimentar no escuro.

Com os acontecimentos de março, esses dias se tornaram coisa do passado. Tess nunca mais brincou de frisbee conosco. Levou semanas para conseguir pelo menos andar. Ela tinha o coração de um leão. Da mesma forma que meu pai havia lutado por um último sopro de ar, Tess, agora surda, vacilante, e quase cega, também lutou por uma vida que para ela era cheia de alegria, repleta de aromas, com mimos saborosos, e segura na companhia daqueles que ela mais amava.

Quando os sapos voltaram a coaxar em abril, Tess já estava suficientemente forte para caminhar conosco de'novo. Agora ela ficava perto de nós, seguindo nosso cheiro e nosso calor. Eu me lembrei da magia das noites de sua juventude, quando ela pulava no escuro para pegar o frisbee. Mas então eu percebi que ela não havia perdido esse dom; ela simplesmente o tinha dado a nós, como fazia com o frisbee. Agora era a nossa vez; agora éramos nós que a guiávamos no escuro.

Teríamos muitos meses de escuridão pela frente. Freqüentemente, apesar dos remédios e das orações, apesar da fé e da força, aqueles que amamos são arrancados de nós, às vezes violentamente, por razões que não conseguimos imaginar. Mas às vezes, Deus, ou a sorte, ou o próprio Universo, nos dá uma oportunidade rara. Foi isso o que a escuridão nos deu: o conhecimento de que às vezes você realmente pode trazer alguém de volta à vida com seu amor.

NAQUELE VERÃO, OS VISITANTES ENCONTRAVAM UM SHOW BASTANTE diferente dos anos anteriores: quando saíamos de casa, atrás de nós vinha uma border collie surda e quase cega de 15 anos, que andava com a cabeça inclinada. Às vezes eu carregava Tess até a metade do quintal, onde éramos cumprimentadas por um bando de galinhas na menopausa. Então, munidas com restos de comida tentadores, íamos tentar fazer o artrítico Chris sair de seu chiqueiro. Às vezes ele não passava do portão, sabendo que poderia simplesmente continuar no celeiro, onde Howard havia recentemente instalado um ventilador, enquanto uma multidão de admiradores colocava iguarias em sua boca aberta.

Mas Christopher ainda sabia animar o público certo. Quando o *New England Chronicle* enviou uma equipe de TV para fazer uma pequena retrospectiva do nosso porco naquele mês de maio, Chris se exibiu para a câmera. Christopher olhou diretamente para a lente, grunhiu vigorosamente, e depois saiu de seu chiqueiro enquanto a câmera filmava.

– Uau, isso é *ótimo*! – disse o apresentador enquanto Chris comia os muffins de blueberry em minha mão.

– Ele é o único do bairro que não está fazendo a dieta do dr. Atkins – eu disse, e Christopher grunhiu em sinal de concordância, como se tivesse entendido.

Assim que terminaram de filmar o porco comendo, Christopher atendeu a ordem e se deitou. O *cameraman* gravou vários minutos de Christopher tomando banho de sol, espantando as moscas com suas orelhas peludas e mexendo o focinho como se fosse uma experiente modelo na passarela. Bem, não *exatamente*, mas chegou bem perto.

Quando as crianças apareciam para o Salão de Beleza, Christopher procurava corresponder às expectativas. Certa tarde, os Miller-Rodat vieram com Jack e Ned e uma amiga, Isabel. Christopher exibiu todo o seu repertório: trotou pelo Platô, devorou a comida avidamente e cavou um buraco enorme com o focinho, que as crianças acharam *impressionante*. Nós acariciamos sua barriga, ele deitou e nos deixou lavá-lo com as esponjas e massageá-lo com o creme de aloe-vera para a pele.

Depois de mais ou menos uma hora exuberante, chegara o momento de Chris voltar para seu chiqueiro. Howard estava fora, e eu teria que sair para fazer uma palestra em uma biblioteca.

Mas Christopher não queria levantar.

E por que deveria? Ele estava perfeitamente feliz ali. Deitado sob o sol, com crianças adoráveis lhe fazendo carinho. Sabia muito bem que se levantasse estaria trocando o sol pelo chiqueiro, e tanto eu quanto as crianças iríamos embora. Por que deveria deixar tudo aquilo? Nada feito. Ele não era bobo.

Felizmente eu havia imaginado essa possibilidade e trouxe uma caixa com rosquinhas de chocolate para convencê-lo a voltar para seu chiqueiro. O que eu não tinha imaginado é que as crianças pudessem comer algumas.

Com uma primeira rosquinha, conseguimos fazer Chris ficar em pé. Com uma segunda ele começou a andar. Então ele parou para mastigar com uma expressão pensativa. Sabíamos que ele estava considerando a possibilidade de voltar para o Platô ou sair andando para o pasto. Nós lhe demos outra rosquinha para tentar dissuadi-lo desses pensamentos. Christopher caminhou alguns passos e, então, abriu a boca cavernosa. Ele queria outra rosquinha. Nós lhe demos. Mais alguns passos. Ele abriu a boca de novo, os lábios tremendo de ansiedade.

Mas então aconteceu um desastre: não tínhamos mais rosquinhas! Christopher cavou mais um buraco "impressionante" com seu focinho, e quando estava a meio caminho entre o Platô e o chiqueiro, ele se deitou. Não podia acontecer nada pior: ele estava completamente solto, sem uma corda sequer para prendê-lo e eu, com as roupas que costumava usar no Salão de Beleza, tinha 35 minutos para me arrumar para uma apresentação na biblioteca que ficava a trinta minutos de carro.

Mollie saiu para comprar mais rosquinhas no Cash Market.

Eu cheguei na biblioteca com dez minutos de atraso. Fui perdoada quando expliquei o motivo. O público, em grande parte formado por crianças, já tinha ouvido falar de Chris. A bibliotecária, esposa do nosso oftalmologista, estava na nossa lista de cartões de Natal, e tinha distraído as pessoas contando suas aventuras.

OS PROBLEMAS DO ANO SEGUINTE COMEÇARAM COM UM BALDE DE restos de comida.

Nós sempre dávamos uma espiada no balde de restos de comida de Chris por uma série de motivos muito bons. O primeiro era satisfazer a nossa curiosidade, pois aqueles baldes continham uma parte da história da culinária local. Opa, alguém deixou os *brownies* queimarem de novo. E quem teria exagerado na massa para panquecas? Bem, essa sopa não fez muito sucesso.

Mas também examinávamos os restos de comida por uma questão de segurança. Os funcionários do Fiddleheads eram cuidadosos, mas alguém poderia se distrair e deixar cair um guardanapo, ou um saco plástico ou um palito de dentes. E também queríamos ter certeza de que não havia nada estragado.

Finalmente, havia também a questão do equilíbrio. Às vezes nos davam um balde de uma única coisa. Os porcos não são conhecidos pelo senso de moderação, por isso, se recebíamos um balde de batatas fritas, por exemplo, nós tentávamos administrá-las em porções menores.

Mas às vezes os restos pareciam ter vontade própria. Especialmente quando os baldes estavam cheios de coisas pegajosas, os restos saltavam em um único bolo, e Christopher fazia a festa. E foi isso o que aconteceu em uma fria manhã de janeiro, quando virei um balde no comedouro de Chris e de repente eu vi que havia entornado uns cinco quilos de molho de tomate.

Chris comeu todo feliz. Seu apetite era excelente, e estávamos em um daqueles dias terrivelmente frios. Mesmo com toda a gordura e coberto de pêlos, ele precisava de calorias extras para se manter aquecido. Talvez todo aquele molho de tomate fosse uma coisa boa: eu me lembrei de ter lido um artigo sobre as maravilhas medicinais do tomate – como o caroteno combatia o câncer, como o licopeno era bom pra os olhos – e não me preocupei.

Até algumas horas depois, quando voltei e encontrei Chris deitado de lado, gemendo.

Ele já havia tido dores de estômago antes. (Mais do que eu poderia imaginar: Howard passara muitas noites ao lado do porco enquanto ele se recuperava de uma indigestão.) Na verdade, Chris havia tido um problema digestivo pouco antes do Natal, mas depois de comer um purê com farelo que adocei com melaço e fui lhe dando às colheradas, ele ficou bom de novo.

E foi isso o que tentei fazer de novo naquela noite. Ele comeu algumas colheradas e bebeu um pouco de água morna que coloquei em sua boca com um copinho.

Mas na manhã seguinte ele estava pior e não se levantou para comer. Ficou deitado de lado. Seus gemidos estavam fracos. E, o que era mais preocupante: ele respirava profundamente, segurava o ar e depois exalava com um suspiro. Pior ainda, estava frio quando o toquei. Eu nunca tinha visto ninguém tão doente que conseguisse sobreviver. Fiquei apavorada e telefonei para Chuck.

Chuck disse que fora o molho de tomate.

– Tomates não fazem bem para os porcos! – ele me disse.

Durante os 14 anos que passara criando um porco, eu nunca tinha ouvido isso.

– Qual é o problema do tomate?

– São muito ácidos – Chuck explicou.

A solução era tentar fazer com que ele engolisse um pouco de carvão ativado – eu tinha um frasco por causa de um problema digestivo adquirido no sudeste asiático – e alguns antiácidos. Quantos?

– Tantos quantos você conseguir fazer com que ele engula – Chuck disse.

Isso era mais fácil de dizer do que de fazer. Eu tive que enfrentar uma dificuldade incomum: Christopher não queria abrir a boca.

Forçando meus dedos congelados através dos dentes de Christopher, eu coloquei o antiácido dentro de sua boca, pequenas pílulas que eu achava que ele iria engolir. Algumas entraram, mas eu não sabia quantas.

– Vamos lá, meu anjo – eu pedi. – Coma isso por mim.

– Uhn – ele resmungou.

– Por favor!

– Uhnnnnnnnnn! – ele estava ficando irritado.

Depois eu tentei dar antiácidos a ele. Como são maiores e doces como balas, esperava que ele engolisse. Mas ele os cuspiu. Eu empurrei então algumas pílulas de carvão ativado, mas como são pretas, não consegui ver se simplesmente saíram pelo outro lado da boca. Virei um frasco de Pepto-Bismol. O líquido cor-de-rosa escorreu para fora de sua boca.

Não havia nada mais a fazer senão ficar ao lado dele. Com uma temperatura de 11 graus abaixo de zero, passei meu braço em torno dele e me deitei ao seu lado sobre o feno. Howard veio nos trazer um cobertor.

NO DIA SEGUINTE, CHRISTOPHER PARECIA ESTAR SE SENTINDO MELHOR, mas ainda não conseguia comer. Ele não abria a boca diante do purê, nem mesmo adoçado com melaço. Também não consegui fazer com que comesse as coisas de que mais gostava. Fiz uma sopa para ele. Ele nem tocou. Quando ele rejeitou um bolo, eu comecei a chorar. As lágrimas congelaram no meu rosto.

Mas ele tomava água morna. Quando eu colocava um pouco em sua boca, ele a abria querendo mais. Mais tarde ele ficou um pouquinho em pé quando coloquei água em seu prato. Chuck apareceu e disse que Chris precisava tomar uma injeção de um antiácido bem potente. Fiquei horrorizada quando ele me deu uma seringa enorme com agulha de mais de sete centímetros, tão grande que parecia o Empire State Building. Eu mal conseguia olhar para aquilo. Mas teríamos que espetar aquilo no traseiro de Christopher e fazer com que atravessasse toda a camada de gordura e injetasse o equivalente a duas colheres de chá de antiácido duas vezes por dia.

Howard não queria nem olhar.

Eu preparei cuidadosamente meu plano de ataque. Pretendia aplicar as injeções quando Chris estivesse deitado, com o traseiro virado para o portão, minha saída, caso precisasse sair correndo. Eu pretendia fazer carinho e coçar suas costas antes de aplicar a injeção. E antes do ataque, eu daria duas palmadas no lugar, truque que uma enfermeira havia usado comigo quando precisei tomar várias doses seguidas por causa das minhas viagens e que considerei que atenuou bastante a dor da injeção.

Mas nada do que eu fizesse poderia impedir que Chris não gostasse de sentir uma agulha de sete centímetros entrando em sua pele. Ele tinha todo o direito de me morder. Ele nunca fez isso. Ele disse coisas horríveis – seus grunhidos enfáticos e rugidos poderiam servir de trilha sonora para um filme de horror – mas eu sabia que ele não tinha essa intenção. Depois de dar a injeção, eu me deitava ao seu lado sobre o feno, debaixo do cobertor, e ele empurrava as costas para perto de mim enquanto eu acariciava sua barriga.

Os dias foram passando e ele não comia mais do que uma ou duas colheradas do purê. Ele não queria os *bagels*. Ele não queria pão. Não ligava para os bolos. Os esquilos vinham roubar as coisas que ele não comia e tentavam passar pelos buracos do alicerce de pedra do celeiro, para escondê-los em túneis. Eu acabava encontrando os *bagels* e muffins enfiados nos buracos, em ângulos inusitados, como se fizessem parte de uma instalação estranha do Museu de Arte Moderna de Nova York.

A respiração de Chris parecia úmida, por isso Chuck apareceu para lhe dar uma injeção de antibiótico. Nós mudamos os remédios: uma mistura de dois poderosos antibióticos, mais Banamine, para a dor. Finalmente Chris deu a volta por cima: assim que lhe dei a injeção ele ficou em pé, deu uma volta, e grunhiu "Nhyunnnnnnnnnnnnnnn!" – já chega!

Telefonei para Liz para lhe dar as boas notícias. Depois de despejar todos os detalhes veterinários, perguntei, finalmente:

– E você? Como está?

– Estou com câncer – foi a resposta.

LIZ NÃO RECLAMOU. A MASTECTOMIA, ELA INSISTIU, NÃO SERIA NADA MAIS do que um "corte de cabelo". Insistiu para que sua filha, Stephie, não se desse ao trabalho de vir do Texas. Seu filho, Ramsay, estava trabalhando como guia de escalada na França, e sua mulher, Heather, estava grávida do primeiro filho. Liz insistiu para que ficassem onde estavam. Liz havia mandado seu marido de volta para Praga, onde ele estava fazendo uma pesquisa sobre nacionalismo para seu próximo livro. Por isso não perguntei se queria que a acompanhasse até o hospital: anunciei minha decisão.

Ainda estávamos esperando que marcassem a data da cirurgia quando telefonei para dar um alô. Estávamos no dia 6 de fevereiro, e no dia seguinte eu iria fazer 46 anos. Chris estava se recuperando e o quadro de Tess havia se estabilizado, por isso estava pensando em me juntar a alguns amigos e colegas no encontro anual da *International Bear Association*, em San Diego. O hotel do evento tinha um leão-marinho morando lá.

– Oi, Liz. Como vai?

Ela hesitou, e senti meu sangue gelar.

Ramsay havia sofrido um acidente.

Naquela manhã, ele estava trabalhando como guia numa rampa de esqui na fronteira entre a França e a Suíça e batera a cabeça ao sofrer uma queda. Agora estava em coma. Os médicos tinham dito que os danos sofridos pelo cérebro eram graves. Ele poderia morrer. Poderia nunca mais sair do coma. Poderia viver como um vegetal. Ou poderia já estar morto. Sua única fonte de informações era a esposa de Ramsay. Heather, grávida de sete meses, estava sozinha em um país estrangeiro lutando para entender o francês dos médicos, enquanto seu marido estava em coma.

– Estou indo para sua casa – eu disse a Liz.

No dia seguinte pegamos um avião para Genebra.

JUNTAS, ENFRENTAMOS AS LONGAS, ESTRANHAS E ELÁSTICAS HORAS DO hospital, noites insones em hotéis, telefonemas para casa nos horários mais esquisitos. Dia após dia, oferecemos a Heather e Ramsay nossa presença amorosa e ansiosa. A palavra *compaixão* quer dizer "com sofrimento". Ter compaixão é juntar-se no sofrimento, mostrar àqueles que amamos que não deixaremos que sofram sozinhos. E isso é o máximo que podemos fazer: oferecer nossa presença.

Em um belo dia, Ramsay abriu um olho. Foi algo tão inesperado, milagroso e abençoado quanto se tivéssemos visto o próprio Criador hindu, Vishnu, abrir o olho, depois de ter descansado sobre as espirais da serpente Ananta, no mar da eternidade. Dias depois, ele abriu o outro olho. Nenhum dos cirurgiões, nenhum dos médicos, nenhuma das enfermeiras ou terapeutas ou auxiliares ousavam explicar o que estava acontecendo, mas eu já tinha visto aquilo antes: como Tess e Chris, Ramsay estava voltando para nós.

Eu voltei para casa, e Liz voltou alguns dias depois. Steve ficou com Heather e Ramsay. Stephie veio do Texas, e ambas ficamos ao lado de Liz durante a mastectomia. A cirurgia, apesar de horrorosa, foi um sucesso. Acabou com o câncer.

Começamos a planejar a volta de Ramsay e de Heather para New Hampshire. Ramsay precisaria começar a fazer a reabilitação, para recuperar as forças; Heather teria o bebê. A primavera já estava se aproximando.

A PRIMAVERA É A ESTAÇÃO MAIS MOVIMENTADA PARA OS VETERINÁRIOS, mesmo assim, George deu um jeito de aparecer para aparar os cascos de Chris.

Mary só lembrou de dizer a ele que eu havia telefonado alguns dias depois. Ela não gostava muito da idéia de ver seu marido metido com as patas de um porco de trezentos quilos. Os cascos de Chris nunca haviam sido aparados. Nem mesmo os cavalos, que precisam do atendimento de um ferrador com mais freqüência, gostam muito disso. Em primeiro lugar, os animais não gostam de ter que ficar em pé apoiados em três patas enquanto uma pessoa corta um pedaço da quarta. Normalmente mostram seu descontentamento ao ferrador. E, o que era bastante compreensível, talvez Mary não quisesse que George deixasse de fazer seu trabalho remunerado para se arriscar com um "cliente" do qual ele jamais aceitara um centavo.

Mas Chris estava realmente precisando. Quando ele era jovem, seus cascos eram aparados naturalmente por seus passeios constantes. Mas, no último ano, por causa de sua artrite, eles tinham crescido muito e de forma estranha. Quanto mais cresciam, mais desconfortáveis ficavam, e menos chances ele tinha de andar.

Por isso fiquei surpresa e satisfeita quando George apareceu em nossa casa alguns dias depois.

– Mary acabou de me falar do seu telefonema – George se desculpou – e vim assim que pude.

Fomos até o chiqueiro, e Christopher nos recebeu com um cumprimento. Ele não ficou em pé. Isso facilitava as coisas para George, e ele agradeceu como se Christopher lhe tivesse feito um favor. E talvez tivesse. É claro que para Chris era mais fácil não ter que se equilibrar em três. Enquanto eu acariciava sua barriga, Christopher não se mexeu. Deixou que George realizasse seu trabalho com tranqüilidade e eficiência.

George havia nos visitado algumas vezes apenas, e em cada uma dessas ocasiões, havia elogiado o tamanho, as condições e o comportamento de Chris. Eu ficava feliz em ouvir, e fazia questão de lembrá-lo de que ele e Mary haviam contribuído para que aquilo tivesse sido possível. "Onde há vida, há esperança", George costumava dizer. Anos atrás, ele havia nos dado um porquinho doente numa época em que eu pensava que perderíamos tudo.

E agora, enquanto aparava os cascos do velho porco, George tinha algo novo a dizer a respeito de Chris.

— Este porco foi realmente muito *bem-sucedido*! — ele disse, com sinceridade.

Fiquei profundamente comovida com suas palavras. Entre os *yuppies*, "ser *bem-sucedido*" pode ser uma expressão maldosa, o tipo de coisa que deixa as pessoas com inveja. Mas quando um fazendeiro hippie diz que alguém é bem-sucedido, não tem nada a ver com influência ou dinheiro, ego e poder, tem um significado mais importante. E quando a expressão "ser bem-sucedido" é aplicada a um porco, descobrimos seu significado fundamental: significa que ele escapou do freezer. Christopher Hogwood havia vivido treze anos e meio a mais do que seus contemporâneos.

Mesmo na esfera estritamente humana, a vida de Christopher Hogwood poderia ser considerada um sucesso sob vários aspectos. Muitas pessoas diriam que foram bem-sucedidas se tivessem conquistado pelo menos uma parte da fama de Christopher. Mas eu sabia que George queria dizer outra coisa.

O sucesso de Chris significava 14 anos de conforto e alegria, tempo em que deu e recebeu. Christopher era um presente que continuava a nos dar alegrias. Para mim, seu maior presente era sua simples presença, o puro prazer de sua companhia. Mas ele tinha me dado muito mais: havia me apresentado aos vizinhos; havia me ajudado a superar minha timidez em relação às pessoas; havia me ensinado a brincar com crianças; havia até me trazido um jardim; e seu sucesso não estava limitado a nós. Esse porco imenso e tão adorado, que dera prazer a tantas pessoas, era uma prova de que não importa o que dizem a natureza ou a história: com amor, qualquer coisa é possível.

E agora, com o despertar da primavera, eu me sentia grata.

Logo apareceriam as tulipas, depois os lilases, e, em seguida, os morangos. Sentindo-me amada e muito afortunada, eu dei as boas-vindas à primavera, e deixei as portas abertas para o poder curativo do verão.

Capítulo 13

Os dias antes dos lilases

AQUELA SEXTA-FEIRA ERA UM BELO DIA DE MAIO – AS ÁRVORES estavam cobertas de folhas, a grama verde como um campo de arroz. Nossa macieira e o marmeleiro estavam carregados de frutos e cobertos por abelhas. Em um ou dois dias, as macieiras do campo iriam florescer, e logo depois os lilases que eu tanto amava dariam flores, cobrindo a nossa porta de entrada, espalhando o seu perfume pelo mundo.

Em um dia como esse, Chris gostaria de estar lá fora. Por isso, pouco antes do meio-dia, embora não tivéssemos restos de comida, eu tentei levá-lo até o Platô usando a ração.

Apesar de ter passado pelo portão com relativa facilidade, ele não demonstrou muito interesse pelos grãos. Ele não dera mais do que trinta passos para fora do chiqueiro quando tomou uma decisão: havia chegado ao lugar onde queria cavar um buraco, expor a terra úmida e perfumada, e deitar ao sol. Não havia nada que eu pudesse fazer.

Tente ficar zangado com um porco numa hora dessas. Eu precisava voltar para dentro e trabalhar. E havia um enxame de moscas, que não incomodava Chris, mas me deixava incomodada.

– Horrível! Você está se comportando como um animal horrível! Um bicho horroroso! – eu disse. Mas é claro que disse isso enquanto me inclinava para acariciar sua orelha, depois sua barriga, e de repente eu estava ajoelhada na terra, passando a mão em todo o seu corpo. Ele grunhia de prazer, como se estivesse se divertindo por ter-me enganado de novo.

Eu não poderia culpá-lo. Por que caminhar mais alguns metros até o Platô quando tudo parecia tão convidativo por aqui? Para ele, como sempre, o prazer imediato estava acima de qualquer coisa. As suas prioridades eram sempre muito claras.

Então, ele deixou seu corpo enorme deitado na terra. E, espantando as moscas de novo, eu estava impotente diante dos desejos de Christopher.

Mas *havia* uma coisa que nós poderíamos fazer: apelar para o Grande Poder de Chris.

Pedi a Howard que providenciasse restos de comida.

O Friddleheads mandou três baldes, um deles com rosquinhas flutuando num mar de massa de panqueca. Peguei uma das rosquinhas e atirei a alguns centímetros da cabeça de Chris.

O porco esticou sua imensa cabeça para a frente, e tentou pegar a rosquinha com seus lábios. Mas não conseguiu. Para conseguir a rosquinha ele teria que ficar em pé. E com o sol tão quente, a terra úmida e fria... bem, afinal de contas ele não estava morrendo de fome.

Mas uma galinha apareceu para me salvar. Ao ver a rosquinha, ela saiu correndo, mirando-a com sua precisão cirúrgica, e começou a bicá-la, aumentando o buraco. Uma outra galinha viu o prêmio e se juntou à primeira. Em poucos minutos, todo mundo ficou sabendo da festa e veio correndo. Isso era demais para Christopher. Ele rolou para o lado, ficou em cima das pernas, soltou um grunhido de desaprovação, e comeu o que restava da rosquinha. Com outros restos, eu consegui levá-lo até o Platô. Despejei metade do balde e, na companhia das galinhas, ele comeu até achar que estava pronto para deitar ao sol novamente.

Infelizmente, às seis e quinze da noite ele ainda estava aproveitando o sol, sem qualquer disposição de voltar para dentro. Isso era um problema. Nós estávamos pensando em sair para jantar com a filha de Liz às seis e meia. Seria a primeira vez que Howard e eu sairíamos juntos desde a piora da saúde de

Tess, e a primeira vez de Stephanie sem sua família desde que viera do Texas para ajudar com a reabilitação de seu irmão e o bebê.

Nós realmente queríamos nos ver. Devido à condição de Tess, nós não queríamos deixá-la sozinha, mas os degraus de nossa porta tornavam o acesso da cadeira de rodas de Stephie impossível. Por isso tínhamos decidido nos encontrar na Hancock Inn, a um quilômetro da nossa casa. Um de nós poderia pegar o carro para vir dar uma espiada em Tess no meio do jantar. Nós também não queríamos sair e deixar nosso porco do lado de fora, mas depois de muitos esforços para fazer com que ele se levantasse, ficou claro que teríamos de fazer exatamente isso.

Tivemos um jantar muito agradável. Quando terminamos de comer, Howard foi olhar Tess e Chris, enquanto Stephie e eu ficamos bebericando um pouco de chá. Quando Howard voltou, parecia preocupado.

– O que houve? – eu perguntei, assustada.

– Nossa cachorra está bem, mas Chris está deitado numa posição estranha.

Howard contou que ele estava deitado como sempre, na descida do Platô, só que estava com as pernas viradas para a subida.

– Ele parecia incomodado com isso?

– Não, mas ele jamais conseguirá se levantar naquela posição – Howard respondeu.

Olhei para Stephie em busca de ajuda. Junto com sua mãe e com Gretchen, ela é séria candidata ao prêmio de Pessoa mais Competente sobre a Face da Terra. E neste caso ela estava especialmente qualificada. Como ativista pelos direitos dos deficientes, ela deveria ter algum conselho a dar sobre como ajudar um porco artrítico a ficar em pé.

E ela realmente tinha.

– Vocês vão precisar de um elevador Hoyer. Ele é feito para pessoas que não conseguem sair da cama, e não para porcos – ela disse, quase pedindo desculpas. – Mas pode funcionar com Chris. Algumas pessoas são muito pesadas.

– Você tem um? – eu perguntei.

Acho que você pode conseguir um pela internet. Mas agora à noite não adianta.

(Lembrete para mim mesma: elevador Hoyer. Não falar para o vendedor que é para um porco gordo e artrítico.)

Stephie queria vir conosco para ajudar Chris a levantar. Mas pensando no terreno e na escuridão, decidimos que era melhor não. Stephie prometeu que avisaria a família quando voltasse para casa. Se precisássemos de ajuda, era só telefonar. Todos eles – Ramsay, que se recuperava dos ferimentos na cabeça, Heather, que tinha dado à luz havia duas semanas, Liz, praticamente recuperada da cirurgia, e Steve – estariam prontos a ajudar nosso porco.

Nós corremos pra casa, com a esperança de que Christopher tivesse conseguido mudar de posição por sua própria conta. Ele não tinha.

– Christopher, como vai, querido? – eu perguntei.

Ele grunhiu suavemente. E não parecia chateado.

– Chris, vamos lá, gorducho. Levante-se – Howard falou.

Christopher não se mexeu.

Não havia nada que o fizesse levantar. Puxamos sua coleira, mas ele parecia não perceber que não conseguiria se erguer na posição em que estava. No entanto, ele estava estranhamente sereno. Parecia confiante que Howard e eu encontraríamos uma solução. Estava satisfeito em continuar deitado esperando até que conseguíssemos.

Nós conversamos sobre nossas alternativas.

– Será que devemos empurrá-lo?

– Ele não vai gostar disso.

– E se tentássemos empurrar seu traseiro para que ele fique virado para baixo? Aí ele teria as pernas traseiras para se apoiar.

– Acho que ele é muito pesado. Também tenho medo de empurrar suas pernas e machucá-lo.

– Se nós o empurrarmos, ele pode continuar rolando.

– E lá embaixo o arbusto poderia espetá-lo.

– Um porco de trezentos quilos espetado por um arbusto – à noite.

– Isso não seria bom.

– Seria horrível.

– Você é um animal terrível! – eu reclamei com ele. – Mas nós vamos ajudar você. Nós te amamos muito.

Nós não conseguimos colocar seu traseiro em posição, por isso decidimos empurrá-lo. Isso exigia que o porco ficasse completamente virado ao contrário por um segundo, com as pernas voltadas para o ar, posição que não o deixaria muito satisfeito. Ele poderia se sacudir. Poderia gritar. Mas não tínhamos outra opção. Eu peguei as patas dianteiras e Howard pegou as traseiras.

– Um... Dois... Três!

Ele rolou e soltou um grunhido. Depois continuou rolando, o bastante para nos perguntarmos quando iria parar. Mas quando parou, levantou-se calmamente, como se nada de mais tivesse acontecido. Depois de raspar a grama, e de parar para coçar a cabeça na parede dos fundos, ele nos seguiu, e ao balde de restos, sinuosamente, mas com toda a dignidade, até o seu chiqueiro.

O TEMPO ENSOLARADO NÃO RESISTIU ATÉ O FIM DE SEMANA. CHRIS PASSOU O sábado em seu chiqueiro, pois estava nublado e ventando. No domingo, quando eu receberia um doutorado honorário em letras na faculdade estadual de Keene, estava chovendo. Eu fiquei no palco ao ar livre, junto com o presidente da faculdade, conselheiros e os outros diretores que iriam falar aos formandos e suas famílias.

O sol começou a aparecer durante a cerimônia. Howard ficara em casa fazendo companhia a Tess, por isso eu estava com meus convidados: Liz, Selinda, Gretchen e o novo marido de Gretchen, Peter – ex-treinador de cavalos, que ela havia conhecido em um evento eqüestre.

– Gostaria que meus pais estivessem vivos – eu disse, começando meu discurso. – Mas hoje estou cercada por algumas das pessoas que mais amo no mundo, assim como vocês. Por isso, o momento me parece apropriado para falar de bênçãos.

E de fato, ao ler a menção que me conferia o título honorário, um diretor da faculdade lembrou ao microfone algumas das bênçãos que me haviam sido concedidas ao longo dos últimos 14 anos da minha estranha carreira: "Enquanto realizava seu trabalho, você foi perseguida por um gorila raivoso, perseguida por um tigre, mordida por um morcego-vampiro, e despida por um orangotango..."

E no meu discurso, eu relembrei outras graças. Falei da minha primeira viagem para a Índia, quando eu estava trabalhando em *Spell of the Tiger*. Meu tradutor, minha lancha, meu cientista e meu guia se perderam de mim e eu fiquei presa durante um mês num pântano tomado por tigres e a única coisa que eu tinha comigo era uma fita gravada em bengalês. Foi quando contratei Girindra, e ganhei um irmão bengalês. Eu me lembrei do meu primeiro livro, *Walking with the Great Apes*, que falava das minhas heroínas Jane Goodall, Dian Fossey e Biruté Galdikas. Em minha última viagem de pesquisa à África – viagem que fora remarcada inúmeras vezes devido à agenda ocupada de Jane – o meu ídolo de infância, a própria Jane, me deixou com o coração arrasado. Quando cheguei à reserva do Parque Nacional de Gombe, na Tanzânia, descobri que ela não estava lá, e que eu estava sozinha com um pesquisador assistente africano, com os macacos, e sem comida. Em vez de sair à procura de Jane, eu fui atrás dos macacos.

Bênçãos, todas elas. Em cada caso, eu não encontrei o que esperava ou o que procurava. Em vez disso, descobri algo muito mais emocionante e profundo – um *insight* inesperado, uma dádiva surpreendente.

– E essa é uma boa definição de bênção. Por isso vocês devem ir para o mundo e seguir o chamado do coração. As bênçãos virão, eu prometo.

Eu nunca tinha feito uma promessa em público. E aquela era a maior platéia que eu já tivera na vida: seis mil pessoas. Mas eu tinha certeza de que era a minha verdade mais profunda.

– Desejo a todos vocês o *insight* que lhes permita reconhecer todas as bênçãos – eu disse –, porque às vezes não é fácil. Mas vocês saberão que se trata de uma bênção se a experiência fizer com que se sintam melhores e transformados. Por isso estejam preparados. Grandes pessoas e grandes professores estão em toda a parte. É tarefa de vocês reconhecê-los.

ENQUANTO LIZ ME LEVAVA PARA CASA, EU ME SENTI TOMADA POR UM imenso contentamento. Radiante com o amor e o orgulho dos meus amigos mais queridos, eu levei para casa um buquê de tulipas, jacintos e narcisos do jardim de Selinda, em um vaso que ela mesma havia feito em suas aulas de porcelana. Cheguei em casa e a encontrei cheia de flores. Howard havia saído rapidamente para visitar alguns amigos artistas que eram grandes jardineiros e voltou com os braços carregados de tulipas gigantes, cujas pétalas se abrem, como as flores do flamboyant. Abracei Howard, fiz carinho em Tess e depois saí para ver Christopher no celeiro.

Ele estava alegre, de pé, e ansioso para sair. Apesar de ser cinco horas da tarde, quando abri o portão para fazer carinho nele, ele sacudiu a cabeça grande e saiu do chiqueiro. Fomos caminhando juntos até o Platô. Ele comeu meio balde de restos de comida e ficou lá fora até a luz do dia começar a ir embora. Ele já estava em pé quando cheguei para levá-lo e ele caminhou de volta para o chiqueiro quase sem mancar. Fiquei emocionada em vê-lo com aparência tão saudável. E depois que ele entrou, despejei o resto do balde em seu comedouro, e ele se mostrou agradecido, grunhindo de felicidade enquanto escolhia morangos para comer primeiro.

Mais baldes de comida estavam a caminho. Naquela noite, quando eu estava lavando a louça, escutei um barulho nos baldes de comida que estavam na varanda dos fundos. Abri a porta esperando encontrar um guaxinim. Em vez disso, encontrei Mollie e Bob, que tinham parado a caminho de sua casa em Cambridge. Eles não estavam mexendo nos baldes que já se encontravam na varanda, mas colocando mais coisas, despejando uma cornucópia cheia de alimentos que Jack e Ned haviam juntado para Chris em seu freezer. Percebi que a seleção era especial, incluindo pedaços de pão francês, waffles, e bolos de chocolate com cobertura.

No escuro, depois de ter trancado as galinhas, fui fechar a porta do celeiro como sempre.

– Boa noite, meu porco bonzinho. Eu te amo. – E ele respondeu com seu grunhido de boa-noite.

DE MANHÃ, EU FUI ENCONTRÁ-LO DEITADO NA POSIÇÃO DE SEMPRE, DE lado, com as pernas esticadas. Seus olhos estavam fechados, a expressão tranqüila. Mas logo percebi que havia alguma coisa terrivelmente errada. Sua barriga estava incrivelmente inchada. Christopher havia ido embora enquanto dormia, já devia fazer algumas horas, certamente antes da meia-noite.

Eu me atirei sobre seu corpo enorme, como já fizera em tantos momentos de tristeza.

– Não! Não! Não! – eu chorei. – Como é que isso foi acontecer? Eu te amo! Aquilo parecia impossível.

– Espere – Howard falou, olhando para o corpo de Chris, esperando que ele voltasse a respirar. Mas isso não aconteceu. Passamos alguns momentos sem falar, olhando um para o outro, tristes, mas começamos a perceber que tínhamos de deixá-lo partir. E isso havia acontecido de forma natural e serena. Que sorte ele teve!

Logo tivemos de pensar nas coisas práticas, pois sabíamos que num dia quente como aquele, não poderíamos deixar seu corpo ali deitado por muito tempo. Precisávamos enterrá-lo imediatamente.

Howard telefonou para Bud Adams, cuja retroescavadeira era usada no enterro de quase todos os animais de grande porte da cidade. Ele chegou em vinte minutos. Enquanto isso, telefonei para Gretchen, Liz e Selinda. Cada uma delas respondeu da mesma maneira, imediatamente e sem fazer qualquer pergunta.

– Estou indo, chegarei o mais rápido que puder.

Capítulo 14

Paraíso dos porcos

"**E**STA CARTA É O OBITUÁRIO DE UM ANIMAL", LIZ ESCREVEU para os editores dos jornais, "de um porco chamado Christopher Hogwood, que morreu durante o sono no dia 9 de maio, com a idade de 14 anos, em Hancock. Desde o dia em que entrou como bebê na casa deles até morrer no último domingo, foi o amado companheiro de Howard Mansfield e de Sy Montgomery. Nós raramente prestamos homenagens aos animais noticiando sua morte, e as páginas dos obituários, é claro, estão fechadas para eles. A morte deles, entretanto, pode deixar buracos imensos em nossas vidas – o nosso luto por eles é o mesmo que observamos em relação aos membros humanos de nossas famílias, embora esse luto não seja reconhecido.

"Christopher era bastante conhecido, não apenas em Hancock, mas em toda a Nova Inglaterra, devido a participações em vários programas de televisão. Se uma loja relutasse em aceitar meu cheque como pagamento de alguma compra, bastava mencionar o nome de Christopher Hogwood como referência para que mudassem de idéia na hora. Ainda assim, é a persona de Christopher, e não sua fama, o que faz de sua morte um acontecimento tão triste. Os porcos ficam maiores à medida que ficam mais velhos – Christopher devia estar pesando mais de trezentos quilos. Mas ele era bastante seletivo, completamente oposto ao estereótipo de sua espécie. Era um grande prazer vê-lo pegar delicadamente um único morango ou um *cookie* em seu prato de comida para saboreá-lo antes de comer toda a refeição. Mas essa delicadeza estava à altura de seu caráter – ele era sábio e gentil, e muito inteligente, com uma memória notável para as pessoas, que ele reconhecia pela voz assim como pela aparência, mesmo aqueles que não via há muitos anos. Não são muitas as pessoas que conseguem isso. Costumamos pensar que os animais valem menos do que nós, mas isso acontece porque não os conhecemos. Ao permitir que conhecêssemos pelo menos um como ele, Christopher nos prestou um grande serviço.

"Ele agora jaz em um túmulo em Hancock, perto do celeiro que era seu lar."

ESTA CARTA FOI PUBLICADA NOS DOIS SEMANÁRIOS LOCAIS – JORNAIS QUE haviam publicado notícias sobre as transgressões e ocorrências policiais de Christopher em sua juventude.

Um dos jornais não parou por aí. Alertada pela carta de Liz, nossa amiga Jane Eklund, escritora e editora do *Monadnock Ledger´s*, percebeu que a morte – e a vida – de Chris era notícia. No dia seguinte, ela apareceu em nossa casa trazendo uma lasanha mexicana para o jantar e disposta a fazer uma entrevista conosco para um artigo maior.

Foi matéria com chamada na primeira página e com uma foto de Chris colocando sua cabeça grande através da moldura de um porta-retrato gigante que Howard havia encontrado no lixo, pose que se transformara em nosso último cartão de Natal. "Christopher H: Uma Vida Bem Vivida", dizia o título. "Porco Famoso Descansa Finalmente".

Mas quando o jornal foi publicado, muitas pessoas, tanto da cidade quanto de fora, já estavam sabendo.

Depois de ter ligado para as minhas três melhores amigas, consegui falar apenas com algumas pessoas no dia da morte de Chris. Telefonei para Jarvis e Bobbie, e não apenas por terem sido grandes amigos de Christopher; eles certamente ficariam intrigados ao verem uma retroescavadeira no quintal. Telefonei para o Fiddleheads, para dizer que não precisavam mais mandar os baldes com os restos de comida. Telefonei para Gary. Eu não consegui falar com mais ninguém. Pedi a Gretchen que avisasse George e Mary; Liz prometeu falar com Chuck e sua equipe na clínica veterinária.

Mas as notícias se espalham rapidamente em uma cidade pequena. Todo mundo ficou sabendo, no Cash Market, no Fiddleheads, na mercearia de Roy em Peterborough, na qual a imagem de Chris em seu cartão de Natal ficava atrás do balcão do açougue.

O telefone tocou o dia inteiro. A secretária eletrônica ficou cheia de mensagens. "Sinto muito." "Eu não consigo acreditar." "Ele era realmente especial." "Avise se eu puder ajudar em algo." "Ele era realmente um grande porco." Para avisar nossos amigos que moravam fora da cidade, mandamos por *e-mail* o belo tributo escrito por Liz.

Um colega da faculdade, que passara toda a sua vida em cidades grandes e que agora trabalhava como editor de uma revista em Nova York, telefonou para nos dizer, com a maior sinceridade:

– De todos os porcos que conheci, o seu era o mais bacana.

Choveram cartões e *e-mails*. Um produtor da estação de rádio pública, onde nosso porco havia sido citado tantas vezes no programa de música clássica, me enviou uma citação de Dylan Thomas, a minha preferida: "A tarde ensolarada vai se aquietando calmamente, bocejando e vagando pela cidade sonolenta... Porcos rosnam no lamaçal encharcado e sorriem enquanto roncam e sonham. Eles sonham com a lavagem do mundo, em escavar atrás dos frutos do porco." E esse era seu desejo: "Que Christopher possa sempre sonhar com a lavagem do mundo."

Ao transmitirem suas condolências, as pessoas narravam suas lembranças: "Nós lembramos de quando ele ainda era um porquinho e escapou da sua mão, arrastando a coleira, e correu pelo pasto atrás das maçãs", lembrou minha agente literária de Nova York, recordando a primeira vez que ela e seu marido vieram nos visitar. "E Steve teve que pular a cerca de madeira para salvá-lo dos cavalos, muito cientes de seu território..."

"Guardamos uma imagem indelével – escreveram Eleanor e Dick Amidon. – Duas orelhas pontudas surgindo na entrada de carro em uma manhã nublada, caminhando na direção do canteiro de alfaces..."

"Nem consigo acreditar no quanto estou sentindo", escreveu Mollie. "Nada mais de restos de comida, banhos, bajulações com rosquinhas de chocolate para levá-lo de volta ao celeiro..."

"Se alguém alguma vez se pôs a imaginar como seria o Paraíso dos Porcos", escreveu Pat, a agente dos correios, "acho que foi o que Chris conseguiu criar com cada pessoa que ele conheceu. Ele é uma lenda e entrará para os livros de história de Hancock como o ativista que reuniu as pessoas com seu amor."

A influência de Christopher realmente havia ido além de Hancock. Outro colega de escola escreveu de Nova York para dizer o quanto Chris havia significado para seu filho, apesar de eles nunca terem se conhecido. "É muito triste que Stephen só tenha conhecido Chris através de fotos. Mas tenham certeza de que ele foi uma presença forte na vida de Stephen – tão real quanto a jibóia que sua tia salvou das mãos de um dono de loja de animais negligente, que não percebeu que a cobra ficaria muito grande, e muito mais real do que o porquinho ou o ursinho e o coelhinho de seus livros de histórias. Stephen adora bichos, e gostamos de contar histórias de animais para ele quando vai para a cama à noite. Christopher Hogwood foi sempre material excelente para as histórias da hora de dormir, e sempre prometíamos que um dia eles iriam se conhecer. Com sua morte, Christopher Hogwood nos ensinou outra lição: fique perto dos seus amigos porque, embora a amizade não acabe nunca, você não sabe o que pode acontecer amanhã."

E Girindra, através de seu tradutor, escreveu da Índia: "Acabei de receber a notícia da morte de Christopher; com todos os seus cuidados, ele poderia ter vivido mais, mas o dia dele estava marcado, por isso Deus o chamou para o Paraíso. A morte do seu querido Christopher é muito dolorosa para nós, mas como a morte é eterna e todas as almas descansam no Paraíso, o porco vai chegar lá deixando seu corpo terreno. Que Deus o abençoe; ele é uma alma abençoada. Eu rezo para o Todo-Poderoso por ele. Nesse aspecto, devo dizer que você teve a sorte de servi-lo da melhor maneira possível. Quem poderia fazer mais do que isso? É uma grande satisfação."

COMO ACONTECE QUANDO MORRE UMA PESSOA, AS PESSOAS TROUXERAM comida; comida é vida. Arroz e lentilhas, da nora de Liz, Heather. A lasanha mexicana de Jane. Eleanor Briggs trouxe aspargos de sua horta, e um ramalhete de violetas. Bobbie trouxe *brownies*, assim como Mary Garlands, cujo freezer, mais do que qualquer outro, havia contribuído para mimar Chris e estragar seu apetite para alimentos comuns depois da tempestade de gelo de 1998. Chris teria aprovado.

A casa ficou cheia de flores. Da mesma forma que traziam os vegetais congelados para Chris, as pessoas agora traziam flores frescas: tulipas, lilases, tamareiras. As Lillas mandaram uma dúzia de rosas vermelhas. Enchemos todos os vasos e depois todas as jarras da casa. Um hibisco laranja, do tamanho de um míssil, foi enviado pelo amigo de minha mãe na Virgínia, Scott Marchand. O editor dos meus livros infantis mandou um buquê enorme. Gary mandou uma cerejeira. Sua assistente, que conhecia Christopher apenas dos cartões de Natal, mandou duas astilbes cor-de-rosa. Beth, única vítima das presas de Christopher, deixou um vaso em nossa porta.

Houve uma série de tributos públicos e privados. O *Concord Monitor*, jornal da capital, transcreveu a matéria do *Ledger's* a respeito de Chris como uma das matérias principais da edição de domingo. O Christopher Hogwood original, famoso maestro e musicólogo, noticiou o óbito na página do seu site oficial. Um corredor local propôs dar o nome de Christopher a uma corrida anual. Outro amigo providenciou a realização de uma cerimônia tradicional dos índios americanos para ajudar na passagem de Christopher para o outro mundo. O corpo de bombeiros, cujos membros haviam tantas vezes ajudado a resgatá-lo em suas fugas na juventude, prestou uma homenagem a ele no letreiro em sua marquise. Além de anunciar o índice de ocorrências da semana, todos os que passavam na frente da sede do corpo de bombeiros podiam ler:

> CHRISTOPHER HOGWOOD
> UM PORCO ESPLÊNDIDO!
> DESCANSE EM PAZ!

Nosso vizinho Jarvis fez um pequeno banco na beira do gramado dos fundos de sua casa, junto ao lago Moose, e colocou uma placa que dizia:

EM MEMÓRIA DE CHRISTOPHER HOGWOOD
VIZINHO E PORCO MUITO BOM

Os Miller-Rodat conversaram sobre a homenagem que poderiam prestar ao seu amigo. Talvez os meninos pudessem esculpir ou construir alguma coisa no túmulo de Chris, sugeriu Mollie. Mas Jack teve uma idéia diferente. – Deveríamos fazer um buraco enorme, como os que Christopher costumava cavar – ele disse. – Mas temos que deixar o buraco lá. Um buraco igual aos que ele fazia. Um buraco como o que vai ficar na vida de todo mundo.

EM MEU CORAÇÃO, O BURACO ESTAVA FICANDO CADA VEZ MAIOR. Howard foi mais forte do que eu. Agora era ele quem alimentava as galinhas de manhã; ele sabia que eu não conseguiria chegar perto do celeiro sem cair no choro, e, ao contrário de quando eu ia até o celeiro chorar minhas tristezas com Christopher, agora esse choro não fazia com que me sentisse melhor. Meus amigos juraram que, com o tempo, tudo iria melhorar.

As pétalas dos buquês caíram. Novas plantas nasceram sobre o túmulo de Chris. Pouco mais de uma semana após a morte dele, Kate deixou a faculdade no Arizona e se encontrou com sua mãe Lilla em Connecticut para virem se despedir de Chris. Jane, que estudava em uma faculdade no Colorado, estava viajando com a família de uma amiga de classe.

Eu tinha guardado todas as pétalas das flores. Kate, Lilla e eu pegamos a cumbuca cheia de pétalas e fomos para o quintal. O túmulo de Christopher era como a ferida aberta que o amor tentava curar com todas aquelas plantas lindas. George também viera no dia seguinte à morte de Chris, trazendo um vaso com uma phlox e uma pequena escultura de um porco sorridente. A pequena estátua servira de lápide. Agora, Kate, Lilla e eu, ajoelhadas junto ao túmulo, juntas novamente perto do celeiro, olhamos para o porquinho sorridente.

Lilla pegou um punhado de pétalas.

– Obrigada pelos grunhidos amorosos – ela disse, jogando as pétalas sobre o túmulo, como uma oferenda.

Kate fez a mesma coisa.

– Obrigada por ter sido, tantas vezes, o único amigo que tive.

– Obrigada por rir conosco – eu disse.

E assim prosseguimos até acabarem todas as pétalas.

– Obrigada por ter comido todos aqueles restos de comida.

– Obrigada por suas orelhas lindas.

– Obrigada por ter cavado buracos imensos.

– Obrigada pelo Salão de Beleza.

– Obrigada pela grande alma, por aquele olhar em nossos corações.

– Obrigada por todos os amigos que você me deu.

– Obrigada pelo prazer em ficar deitado sob o sol.

– Obrigada por nos mostrar seu coração, por nos convidar a um coração tão feliz.

DESDE ENTÃO, TIVE MUITOS MESES PARA REFLETIR SOBRE AS BÊNÇÃOS que Christopher Hogwood, um porquinho franzino que nasceu com poucas chances de sobrevivência, concedeu àqueles que o conheceram. É claro que eu o amava; o fato de ele ser um animal nunca foi uma barreira para mim, mas um portal. Mas o que explica uma vida que tocou tantas pessoas tão profundamente?

Era muito fácil perceber os seus encantos. Ele era adorável quando bebê, e depois ficou encantador quando cresceu. O gesto de guardar os restos de comida despertava nas pessoas o instinto ianque de economia; ao trazer as crianças para vê-lo, as pessoas criavam lembranças que durariam a vida toda. As pessoas gostavam dele porque era muito alegre. As pessoas gostavam dele porque era muito guloso. As pessoas gostavam dele porque era muito suíno, e porque era muito humano. Todos gostavam de sua delicadeza e bom humor. Mas para vários de seus amigos, havia algo muito mais profundo, como vim a descobrir nos meses que se seguiram à morte dele.

A REVELAÇÃO COMEÇOU COM BOBBIE E JARVIS.

Algumas semanas depois da morte de Christopher, fui até a casa deles para conversar. Era mais uma visita social. Kate foi comigo. Tempos depois, incentivada por todos os seus admiradores, decidi escrever sobre Chris. Quando comecei a fazer a pesquisa para este livro, ela veio trabalhar como minha assistente, o que valeria como trabalho de verão para a faculdade. Fomos até a Casa de Bonecas para registrar as lembranças que os vizinhos guardavam de Christopher. E, então, a conversa se voltou para os porcos de Bobbie e Jarvis.

– Eu realmente amava aqueles porcos, e nossos filhos também – Bobbie nos contou.

Ela se lembrou de seu filho do meio sentado no chiqueiro tomando um refrigerante no meio deles, após chegar de seu primeiro emprego depois da faculdade. Bobbie lembrava de ter dito para seus amigos de Nova York: "Eu não sei o que vou fazer quando esses porcos forem para o mercado, pois gosto tanto deles!" E eles diziam: "Sabe, Bobbie, você tem que ser prática. Eles não vão agüentar o inverno." E eu acreditei neles.

– Então chegou o dia em que um homem viria pegá-los para matá-los – Bobbie continuou – e eu estava indo trabalhar. E eu disse para Jarvis que queria que eles fossem levados antes que eu voltasse para casa, porque eu simplesmente não agüentaria.

Mas estava chovendo naquele dia de outono. O caminhão do açougueiro ficou preso na lama. Quando Bobbie chegou em casa, o caminhão do açougueiro ainda estava lá. Ela ouviu os porquinhos gritando enquanto eram empurrados para dentro do caminhão que os levaria para o matadouro.

– Estou lhes contando isso porque foi maravilhoso vir para cá e encontrar Chris – Bobbie continuou. – Eu sempre me senti mal por causa daqueles porquinhos.

Por isso o fato de terem conhecido Chris foi tão gratificante, realmente benéfico para Bobbie e Jarvis. Por isso as palavras de São Francisco tiveram tamanha repercussão em nosso celeiro.

– Ali estava um porco que não teve que ir para o mercado – disse Bobbie.
– Ali estava um porco que sobrevivera ao inverno. Eu fiquei tão feliz por poder

ser amiga de um porco e sentia que ninguém jamais iria tirá-lo de mim. Pois ele viveria uma longa vida e morreria de morte natural. E isso aconteceu. Foi uma coisa muito boa.

Suas palavras também foram algo muito bom para mim.

Nós também fomos entrevistar Gretchen. Depois de admirarmos seu novo potro e fazermos carinho em suas duas éguas, sentamos no sofá com três labradores e quatro gatos, e começamos a lembrar de Chris. Foi então que ouvi pela primeira vez a história do Último Porco.

Muito antes de eu conhecer Gretchen, numa época em que seu cabelo preto chegava até a cintura e ela vivia em uma casa geodésica com aquecimento solar junto do primeiro marido, Gretchen costumava criar porcos para comer.

— Estávamos nos anos setenta, e a auto-suficiência doméstica estava na moda — ela disse. — Eu preparava meu próprio presunto. Fazia meu próprio bacon. Fazia minha própria feijoada.

Todos os anos, na primavera, ela comprava alguns porquinhos. Ela os tratava muito bem. Chegava a lhes dar cerveja no último dia de vida, para que estivessem bêbados quando o açougueiro viesse matá-los.

— Mas eu nunca pensei muito nos porcos — ela confessou. Até o ano em que adquiriu duas porquinhas cor-de-rosa. Uma delas era especial.

Essa porquinha estava sempre fugindo do chiqueiro. Normalmente, um porco solto incomoda muito em uma fazenda, mas não essa porquinha. Ela gostava de andar atrás de Gretchen enquanto ela cuidava da plantação ou dos cavalos. A porquinha era uma ótima companhia. Às vezes era muito útil. Certo dia, quando Gretchen estava lutando para espalhar um saco de esterco pela plantação, a porquinha agarrou a outra ponta com a boca para ajudá-la a sacudir o saco e esvaziá-lo. Somente uma vez a porquinha estragou uma parte do gramado. Gretchen havia entrado na casa, e quando voltou teve que colocar de volta um pedaço de grama. "Não, nós não fazemos isso", ela disse para a porquinha, recolocando o pedaço de grama. A porquinha nunca, nunca mais arrancou a grama de novo.

Os filhos adotivos de Gretchen aprenderam a amar a porquinha. Quando ela ficou suficientemente grande, as crianças costumavam andar em cima dela.

Às vezes, ela passava os dias totalmente solta. Ela ficava solta na fazenda mesmo quando a família saía para passear, e quando voltavam, ela vinha correndo ao ouvir o barulho do carro, feliz como se fosse um cachorro.

Depois do verão veio o outono, e chegou o dia em que os porcos seriam mortos. Mas Gretchen queria poupar aquela porquinha. Ela iria fazer dela uma grande procriadora; decidiu que iria mantê-la.

– Quando o açougueiro chegou – Gretchen contou –, estava com um revólver na mão. Mas é claro que a porquinha correu para cumprimentá-lo, como fazia com todo mundo. E ele me perguntou se ela era um dos porcos da fazenda, e eu disse que sim, mas... Ele a matou na minha frente. E eu fiquei muda...

Ela nunca mais criou um porco. Mas adorou quando Christopher veio para nossa casa, e sentia que a vida dele havia cumprido um objetivo importante.

– A morte de Christopher representou o fechamento de um ciclo – disse Gretchen. – A finalização de um compromisso que vocês tinham juntos.

Para Gretchen, a minha vida com ele era o paralelo doméstico com o meu trabalho no exterior, escrevendo sobre florestas e espécies exóticas e povos indígenas, encontrando exemplos de como os animais e as pessoas podem conviver no mundo. Mas eu e Chris tínhamos ido além, no que ela considerava um pacto cósmico.

– A vinda dele para você, e o seu amor por ele, representou um contraponto para os maus-tratos que os porcos sofrem no mundo – ela disse.

Gretchen não acha que a criação em pequenas propriedades é errada; muitos animais têm uma vida boa com as famílias nas fazendas. A crueldade ocorre nas fazendas gigantescas, nas fazendas industriais, onde animais vivos são tratados como produtos industriais, e onde 80% dos sessenta milhões de porcos dos Estados Unidos são criados para o abate a cada ano.

– É claro que a história de Christopher não apaga os horrores que os porcos têm sofrido em todo o mundo há tantos séculos – admitiu Gretchen. – Mas você e Chris criaram uma realidade diferente: honrando a vida de um porco durante toda a sua duração natural.

Era uma realidade que dava muito mais paz e esperança do que eu poderia imaginar. Mas eu ainda não havia conversado com meu pastor, Graham, após a morte de Chris.

Na verdade, Graham não era mais meu pastor. Havia acontecido muita coisa desde os primeiros dias em que Graham me apresentara às pessoas da comunidade anunciando que eu morava com um porco. Um mês depois da morte de meu pai, a esposa de Graham, minha amiga Maggie, descobriu que tinha câncer no pulmão. Ela morreu logo depois, no mês de abril. Desde essa época, Graham não estava mais na nossa igreja e fora chamado por outra congregação. Ele voltou a se casar com uma linda professora de arte e teve três filhos, agora crescidos, que vieram conhecer e se apaixonaram por Christopher quando eram pequenos. Eles lhe traziam restos de comida e ficavam maravilhados com seu tamanho, sua gentileza e sua alegria.

Mas a relação de Chris com Maggie havia sido bastante especial. Só fui descobrir o motivo 13 anos depois de sua morte e um mês depois da morte de Chris.

– Maggie nunca lhe falou de sua infância? – Graham perguntou.

Ela nunca havia falado. Graham ficou surpreso em saber, pois passávamos muito tempo juntas. Quando ela ficou doente, eu telefonava todos os dias; perto do fim, eu a visitei no hospital quase todos os dias, e costumava ficar horas. Mas não conversamos sobre seu passado. E também não falávamos sobre o câncer. Passávamos o tempo falando dos lugares que havíamos visitado, dos animais que havíamos conhecido, e especialmente de Christopher: o que ele havia comido, quem havia aparecido no Salão de Beleza, histórias das últimas escapadas. Eu mandava cartões engraçados para Maggie, normalmente mostrando animais, e assinava-os em nome de Christopher Hogwood. E ela também nos mandava cartões engraçados, encantadores cartões de animais, cartões endereçados a Chris.

– Havia uma razão para que ela mandasse todos aqueles cartões – Graham falou. Sua gentileza tinha raízes em uma tragédia quase inimaginável.

A mãe de Maggie contraiu câncer praticamente na época em que deu à luz, e por isso Maggie se sentia responsável. A mãe morreu quando Maggie tinha cinco anos. Arrasado, seu pai se tornou alcoólatra. Quando Maggie tinha nove anos, o pai se matou com um revólver. Seu irmão mais velho, na época com 12 anos, encontrou o pai agonizando na cama.

Os irmãos órfãos logo foram separados. Quando o pai deles ficava zangado, costumava ameaçar:

– Vou mandar vocês para a casa da tia Frances!

A irmã da mãe deles morava em Bangor, no Maine, e era uma mulher muito severa. E Maggie foi viver com ela. A tia Frances não queria Maggie, e certamente não queria o irmão de Maggie. Por isso ele foi mandado para a casa do irmão de seu pai, em outra cidade.

Eu sabia que Maggie havia sido criada por uma tia, mas não sabia que sua história era tão terrível, e nem que seu irmão, que era farmacêutico, havia se tornado um alcoólatra e cometera suicídio aos 41 anos.

– Bem, isso era típico dela, nunca tocar nesse assunto – disse Graham. – Mas eu acho que havia uma ligação entre tudo isso e Christopher.

Ele fez uma pausa, enquanto eu tentava imaginar qual seria a ligação.

– Christopher também era órfão. Mas ele foi adotado por uma família muito diferente. Teve uma vida muito diferente. Ela mandava cartões para ele porque quando era pequena ninguém lhe mandava cartões. Em outras palavras, a história de Christopher era também sua história, mas deu certo.

Na vida daquele porquinho doentio, Maggie viu sua própria história reescrita, transformada em uma história de alegria e auxílio, uma história com final feliz.

CHRISTOPHER HOGWOOD, LILLA ME DISSE LOGO DEPOIS QUE ELE MORREU, "foi um grande mestre Buda para nós. Ele nos ensinou a amar. A amar o que a vida lhe dá – a amar os seus restos. Que grande alma! Ele era um ser de amor puro".

É verdade. Ele adorava companhia. Adorava boa comida. Adorava o sol quente, o carinho das mãozinhas pequenas em sua barriga. Ele adorava esta vida.

– Esse amor – Lilla me prometeu – não está perdido. Jamais se perderá.

Christopher Hogwood sabia aproveitar o doce sabor deste mundo verde, abundante, doce e aromático. Soube nos mostrar que só isso já teria sido uma grande bênção. Mas ele também nos mostrou outra verdade. Que um porco não se transformou em bacon, mas viveu durante 14 anos, mimado e adorado até o dia em que morreu tranqüilamente durante o sono – isso é uma prova de que não precisamos "ser práticos" sempre. Não precisamos aceitar as regras que nossa sociedade ou espécie, família ou destino parecem ter reservado para nós. Podemos escolher um novo caminho. Temos o poder de transformar uma história de sofrimento em uma história de redenção. Podemos preferir viver a morrer. Podemos deixar que o amor nos conduza.

Neste momento, o Palácio do Porco está vazio. As pessoas perguntam se vou criar outro porco. Eu não sei o que responder. Mas de uma coisa tenho certeza: uma grande alma pode surgir entre nós a qualquer momento, na forma de qualquer criatura. Eu estou de olhos abertos.

Agradecimentos

Muitas das pessoas e animais que me ajudaram com este livro aparecem nas páginas escritas, e espero que minha gratidão fique clara. Muitos outros não são mencionados pelo nome, embora sua generosidade conosco e com nosso porco tenha sido muito importante, e em muitos casos suas lembranças contribuíram muito para estas páginas. Essas boas almas são muito numerosas para que eu possa relacionar todos os nomes, mas quero agradecer a todas mesmo assim.

Muitas pessoas tiveram a bondade de ler os originais desde os primeiros estágios, ofereceram seu entusiasmo e fizeram sugestões fundamentais. Tenho muita sorte por ter entre essas pessoas alguns dos meus autores favoritos: a esplêndida memorialista Beth Kephart; o poeta Howard Nelson; minha mentora, Elizabeth Marshall Thomas; a maravilhosa escritora Brenda Petersen; e meu escritor favorito de todos os tempos, Howard Mansfield. Também agradeço imensamente pelo olhar cuidadoso e pela amizade eterna de Selinda Chiquoine, Joel Glick, Rob Matz e Gretchen Vogel. Minha agente literária, Sarah Jane Freymann, tem sido uma grande amiga há anos e é claro que conhecia Christopher muito bem. Seus conselhos e incentivo neste projeto foram, como sempre, essenciais. Também agradeço à minha editora na Random House, Susanna Porter, que conhece as alegrias do mundo animal com seu caracol de estimação, Beta, e três tartarugas; e sua talentosa assistente, Johanna Bowman, cujos *e-mails* são sempre animados com as fotos de mandris, sapos ou cangurus.

Finalmente, este livro deve muito aos esforços da minha amiga e assistente literária, Kate Cabot. No início deste projeto, ela me ajudou a conduzir e transcrever uma série de entrevistas. Ela entrevistou Howard para este livro, e também fez pesquisa de arquivo para mim como parte de um trabalho para a faculdade na Prescott College. Foi ela quem deu o nome ao livro. Graças ao excelente trabalho de Kate, às suas lembranças detalhadas e à presença tranqüilizadora nas dolorosas semanas que se seguiram à morte do nosso porco, meu coração voltou a se abrir para o espírito alegre de Christopher.

O que é cerveja senão grãos em forma de líquido? Christopher aprecia uma Schlitz.
Foto: autora

Beth Kaplan, professora de biologia de Antioquia, e sua filha Stella, no Salão de Beleza do Porquinho.
Foto: autora

Ned Rodat descansando ao lado de Chris, um velho político nessa época.
Foto: Mollie Miller

Último verão de Christopher, aos 13 anos. Salão de Beleza com Kate (esquerda), e Jane.
Foto: Lilla Cabot

Acima: último cartão de Natal de Christopher.
Foto: autora

Local do túmulo de Christopher.
Foto: Jarvis Coffin

As Senhoras em seu recém-construído Chalé das Galinhas.
Foto: Pincus Mansfield

Sy e Jane com os pintinhos, que chegaram para engrossar as fileiras das Velhas Senhoras.
Foto: Howard Mansfield

Tess dá um salto para pegar seu adorado frisbee.
Foto: Pincus Mansfield

John e Jenny tinham acabado de se casar. Eles eram jovens e apaixonados, vivendo sem nenhuma preocupação. Jenny queria testar seu talento materno antes de enveredar pelo caminho da gravidez. Ela temia não ter vindo com esse 'dom' no DNA, justamente porque matara uma planta, presente do marido, por excesso de cuidado – afogando-a. Então, eles decidiram ter um mascote. Vão a uma fazenda e escolhem Marley. A vida daquela família nunca mais seria a mesma. Marley cresceu e se tornou um gigantesco e atrapalhado labrador de 44 quilos, um cão como nenhum outro. Ele arrebentava portas por medo de trovões, rompia paredes de compensado e comia praticamente tudo que via pela frente. As escolas de adestramento não funcionaram — Marley foi expulso por ter ridicularizado a treinadora. Mas, apesar de tudo, o coração de Marley era puro. Na primeira gravidez de Jenny ele repartiu com o casal o contentamento, assim como a sua decepção quando sobreveio o aborto. Ele estava lá quando os bebês finalmente chegaram. Por todo esse tempo, ele continuou firme, mesmo quando sua família estava quase enlouquecendo. Assim, eles aprenderam que o amor incondicional pode vir de várias maneiras.

Neste livro sedutor e comovente, o bem-sucedido Jon Katz conta a história de Orson, seu cão "inesquecível", um lindo border collie — intenso, inteligente, louco e eterno. A partir do momento que Katz e Orson se conheceram, o relacionamento entre eles foi profundo, tempestuoso e desenvolveram uma grande amizade. Com dois anos, o novo companheiro de Katz é um incrível pastor de ônibus escolares, mas um fracasso no pastoreio de ovelhas. Tudo que Katz tentou — treinamento de obediência, instruções para reunir rebanhos, um novo nome — ajudou um pouco, mas não o bastante, e não por muito tempo. "Como todos os border collies e muitos outros cães", escreve Katz, "ele precisava trabalhar. Durante certo tempo, não percebi que eu era o trabalho que Orson encontraria." Enquanto Katz tentava ajudar seu cachorro, Orson o estava ajudando, pastoreando-o em direção à nova vida na fazenda, em uma encosta no norte do estado de Nova York, e lutavam para confiar um no outro. Ali, com profundo amor, cada um abraçou o destino que se desdobrou diante deles. É um livro para ser saboreado. Assim como Orson fora o cão "inesquecível" do autor, sua história fala da delicada e verdadeira amizade que se desenvolveu entre os dois e fez o criador de cães Jon Katz considerar Orson o cão mais especial de sua vida.

Esta obra, composta
em Goudy, foi impressa para
a Ediouro com miolo em
papel Pólen Soft 80g e
capa em cartão 250g,
na Gráfica Bandeirantes